国家出版基金项目
NATIONAL PUBLICATION FOUNDATION

深巷低窗

江南风俗图录

第3卷

民居建筑卷

木石之间的营造哲思

Illustrated Chronicles of
Jiangnan Customs

- Vol. 3 -

Deep Alleys and Low Windows

仲富兰 著

上海辞书出版社

江南风俗图录·第3卷·深巷低窗

辞书微信公众号二维码

本书为《江南风俗图录（1840—1949）》分卷之一。整套书随附别册，内容涵盖《江南风俗图录》全书总览及各分卷简介、十卷本内在关联分析与跨学科阐释、与仲富兰民俗学研究脉络的勾连、核心参考文献汇释、仲富兰民俗文化学学术著述系年，另收录总序、后记等文稿。为便于读者共享别册内容，上海辞书出版社公众号设“《江南风俗图录》别册” 专题，供各界参阅。

“十四五”国家重点出版物出版规划项目

国家出版基金资助项目

上海文化发展基金会图书出版专项基金资助项目

仲富兰

当代民俗学家。上海人。毕业于复旦大学哲学系。华东师范大学教授、博士生导师，上海市民俗文化学会创始会长及名誉会长，中国民俗文化学科的开拓者和奠基人。1986年至今已出版《中国民俗文化学导论》、《中国民俗学通论》（三卷本）、《上海六千年》（三卷本）、《图说中国近百年社会变迁》（四卷本）、《民俗传播学》、《江南风俗与信仰》、《上海民俗——民俗文化视野下的上海日常生活》、《上海小史》、《节日里的中国》、《图说中国人生礼仪》等50多部著述，部分被译为英、俄、日、韩等国文字在国外出版。承担“十四五”国家重点出版物出版规划项目《江南风俗图录（1840 —1949）》（全十卷）及上海市相关文创研究课题。 2019年起主编《民俗掌故日历》（上海辞书出版社，至今共计7版）。另有大量论文和文章散见于海内外报章期刊。

Zhong Fulan

A contemporary folklorist from Shanghai. He graduated from the Department of Philosophy at Fudan University and is currently a professor and doctoral supervisor at East China Normal University. He is the founding president and honorary president of the Shanghai Society of Folk Culture Studies, and a pioneering and foundational figure in the academic field of Chinese folk culture.

He has published over 50 works since 1986, including *An Introduction to Chinese Folklore*, *General Theory of Chinese Folk Culture* (three volumes), *Six Thousand Years of Shanghai* (three volumes), *Illustrated History of Social Changes in Modern China* (four volumes), *Folklore Communication Studies*, *Jiangnan Customs and Beliefs, Shanghai Folkloristics: Daily Life in Shanghai through the Lens of Folk Culture*, *A Brief History of Shanghai*, *China in Its Festivals*, and *An Illustrated Guide to Chinese Rites of Passage*. Several of these have been translated into English, Russian, Japanese, Korean, and other languages for international publication.

He is leading a major national publishing project under the 14th Five-Year Plan: Illustrated Chronicles of *Jiangnan Customs (1840–1949)* (ten volumes), as well as related cultural and creative research initiatives in Shanghai. Since 2019, he has served as editor-in-chief of *The Almanac of Folk Culture and Anecdotes* (Shanghai Lexicographical Publishing House), which has been released seven editions to date. His numerous papers and articles have appeared in newspapers and joumals both in China and abroad.

光影铭沧桑

图卷展风华

目录

第六章

房屋营造与百年家居变迁

205

第七章

居室陈设中的人文传承

243

概述

民居住宅是人类赖以抵挡寒暑和大自然各种侵扰的庇护所。民居的存在，是与这方土地上的人类的自然环境、文化心理、民间艺术、经济状况、生产方式、生活习惯紧密相关的一种综合的表象。江南地域的核心区域就是指江苏、浙江一带的吴方言区，特别是环太湖流域，包括以皖南地区为代表的徽派民居、沿海浙东地区的古老民居。这里江湖纵横，地多丘陵，依山傍水，物阜民丰，千年的财富和文化积淀，形成了一派独立的住宅和城镇风格。众所周知，园林住宅之精致，是江南民居文化的精髓。

传统民居是江南文化的载体，具有鲜明的地域特色和地方文化特征，传承着地域文化。千百年来，这块土地受地理形态、气候、宗族影响，在民居构筑上呈现出基本方正、围合的态势。布局上，比北方四合院更为紧凑，巧用地形，依山傍水，中轴对称。住宅的大门多开在中轴线上，迎面正房为大厅，后面院内常建两层楼房，房屋四面屋面搭接，紧紧包围着中间的小院落，因檐高院小，形似井口，故又称之为“天井”，亦即“庭院”。天井是内部敞开的空间，作四面房屋的采光和通风用，也是全家活动的中心。因四面屋顶上的雨水都流入天井，故这种结构被称为“四水归堂”，实乃“厅井式”住宅。

江南居所的天井内一般皆有地面铺装及排水渠道。每幢住屋前皆有宽大的前廊或屋檐，以便雨天时串通行走。同时一部分住屋做成敞口厅等半室外空间，与天井共同作为生活使用空间。其结构多用穿斗式构架。这种形式民居在湿热的夏季可以产生阴凉的对流风，改善小气候；同时有较多的室外、半室外空间来安排各项生活及生产活动，敞厅成为日常活动中心，而不受雨季的影响。

经过千百年的传承延续，至19世纪中叶，中国社会出现“亘古未有之变局”，出现这种变局之“因”，从表面现象上看是外敌入侵，其实是两种不同文明之间的较量，具体表现在政治上，中国开始沦为半殖民地半封建社会；经济上，西方列强凭借不平等条约攫取经济特权，加紧对中国的经济侵略，中国自然经济开始解体，逐渐被卷入资本主义世界市场体系，沦为西方列强的原料产地和商品倾销市场，而中国民族资本主义在夹缝中艰难产生。闭关锁国政策破产，转向被迫开放。思想上传统的“夷夏”观念开始转变，“天朝上国”的思想受到冲击，向西方学习的新思想萌发。

面对社会“亘古未有之变局”，一切都在变化。传承千年的传统民居建筑也莫能例外。鸦片战争后中国民族矛盾、阶级矛盾激化，以往适应小农经济生活的民居也受到了外来居住建筑形式的冲击和挑战。

一、传递西方居住文化的洋场——租界

鸦片战争以后，外国殖民者纷纷凭借不平等条约所赋予的特权，通过商业贸易和传教布道等手段，逐步形成“国中之国”——中国土地上由外国人统治经营的城市和社区。前者多数是中国通商口岸城市边缘外围专门划出的区域，最早是出现在上海的英、法、美租界，以后天津、汉口、广州、厦门、九江等地都建立了类似的租界。这些租界往往用河流、围墙、铁蒺藜和旧城分隔。后者如德国占领的胶州湾（1914年又被日本强占），英国强租的九龙半岛和威海卫，俄国占领的旅顺和大连（日俄战争后被日本夺占）等。

在江南，清咸丰十年（1860）前后上海的英租界，使外国殖民者在租界建立自成一体的西方文明制度成为可能。即使后来出现了“华洋杂居”的局面，租界仍是外国人主宰、经营的地盘，他们把西方的一套搬到江南的土地上，为了方便自己的生活与扩张活动而在这块土地上建造楼房、开辟道路、修建桥梁、疏浚沟渠、埋设管道、维持治安。一系列市政活动的结果，使租界成为西洋居住文化的综合载体。中国人把租界叫作“夷场”“洋场”，不管出自何种心态，他们都意识到，“洋场景别一乾坤”，这是一种和江南本土传统迥然不同的社会生态环境，一种全新的文化信息场。

风格迥异的洋房。当人们接近洋场时，首先映入眼帘的是鳞次栉比的洋房及蜿蜒曲折的天际线，令人耳目一新。道光二十八年（1848），清末报人、政论家王韬曾这样描绘在上海外滩看到的景象：“一入黄歇浦中，气象顿异”“滨浦一带，率皆西人舍宇，楼阁峥嵘，缥缈云外。”早期租界的建筑，除高耸的教堂外，领事馆、洋行、仓库、住宅等多为一二层方形房屋，带有殖民式的券廊、坡顶，古典式的挑檐、栏杆和阳台。随后兴建的建筑物日趋考究，在上海外滩，矗立着欧洲古典式房屋。无论是砖石结构的，还是钢筋混凝土结

构的，三四层楼的还是八九层楼的，它们都有着山脊一样突兀的屋顶、尖塔、钟楼、壁炉烟囱，半圆形的穹顶，带有栏杆、雕塑的平台，斧剁的花岗岩石壁，光滑的大理石台阶，铸铁的花饰栅栏，五色玻璃镶成的门窗，还有那些被称为爱奥尼克式、多立克式以及罗马式的立柱、哥特式的大厅、洛可可式的装饰、巴洛克式的构图等。

最引人注目的还是独院式花园洋房。这是一种和中国传统江南民居的材料、结构、布局、造型完全不同的住宅形式，并与体现中国传统家庭结构——世代同堂的庭院式平面布局形成鲜明对照。透过低矮的铁栅栏、围墙，看到的是一栋多面组合、凹凸变化的楼房。迎面的门窗、台阶、阳台、山花，“无曲折深邃之致”。房屋周围的大片草坪、喷泉、花木一览无余，显示出主人开放的心态。室内宽敞，平面布置灵活，分别有起居室、卧室、书房、饭厅、厨房、卫生间、储藏室等。主要房间通风、采光良好，设有火墙、壁炉。房屋构造多为砖石承重，木屋架，铁皮屋面。其造型“各依其所有人的嗜好而设计”，有法国宫邸式、英国古典式、殖民式、德国式、西班牙式和挪威式等。

到过外国人家中做客的中国人无不带着羡慕的语调写道：“洋楼耸峙……八面窗棂，玻璃五色，铁栏铅瓦，玉扇铜环”“琳宫梵刹，峻宇雕墙”“金碧迷离，境各异态，珠宫贝阙，谅不是过。”

规划整齐的道路。同样令中国人惊叹不已的是租界的道路。翻开当年游览“洋场”的中国人的笔记与日记：“街衢弄巷，纵横交错”“道途平坦，商户整洁，堤岸桥梁，修筑坚固”“舟车填溢”“树木森茂而齐密”之类的赞语比比皆是。由于规划、勘察、施工、材料、设施的现代化，租界的道路从各方面体现出新型城市的风貌。车道、人行道的石礅分隔，马路界桩的设置，使道路的安全和宽阔有了保证。早期通行独轮车、东洋车、马车的道路宽可达15米（如上海南京路），由于路面铺有碎石、瓦砾、细沙、条石、铁藜木砖直至后来的沥青、水泥，加以路旁“勘下砌石条微侧，引水入沟”，马路阴沟直通河道，随潮水位涨退。下通沟处砌方式阴井，较沟深三四尺，污泥沉底， 清水入沟。久雨水不积存，无泥淖之患，“且每日扫除两次”，道路始终保持平坦洁净，无尘土飞扬。沿途遍植行道树，“每树相距四五步”，垂柳白杨葱郁成林，法国梧桐夏季遮阴，寒带松柏四季常青，灌木花草，更使人赏心悦目。

先进完善的生活设施。对租界居住生活方式影响最大的恐怕还是照明、用水条件的改善。在租界内，与修桥筑路几乎同时进行的是“燃点街灯”。最初点的是煤油灯，六角玻璃壳为罩或挂高处，或置铁柱之上。清同治四年（1865），中国最早的煤气公司之一在上海设立，租界马路都以煤气灯照明，俗称“自来火”，又因其管道从地下通出，亦称“地火”。当时私人用户很少，主要用于街道店铺照明。包天笑回忆道：“许多店街点自来火，讲究的在煤气管子头上加一纱罩。”但当时一般人家中的照明，还是用蜡烛与油盏。直到光绪年间，洋油（煤油）进口大增，“于是，上而缙绅之家，下至蓬户瓮牖，莫不乐用洋（油）灯”。未几，上海租界已开始出现电灯，因其“大过足球，去地三丈余……白光四射”，人称“赛月亮”。沿街的店面“入夜则电气灯，自来火，照耀如白昼”“行人尽在光明里，画出齐城不夜图”。至于后期租界街店密密麻麻的霓虹灯广告，更为十里洋场繁华热闹的夜生活增添了许多光彩。清光绪八年（1882），上海租界又设立自来水公司，“装设自来水管，导浦江水而澄清之，乃激贮于高塔，以管分注各处，居民便之”。这种经过消毒过滤的自来水，饮用方便且卫生；此外自来水四通八达，租界街道每隔百米左右就有一个灭火栓，取代了早期的马路窨井，火警消防、酷暑洒水降温去尘，随时可以打开以应急需。

二、租界效应与示范作用

租界内整洁有序的市容、先进完善的设施、科学的管理，无不反映了西方近代工业文明的先进和优越。

它对刺激中国人改善民居建筑和居住环境，改良生活方式和居住文化习俗具有特殊的意义。租界环境和近在咫尺的传统旧式城市市容形成鲜明对比：“租界马路四通，城内道途狭隘，租界异常清洁，车不扬尘，居之者几以为乐土，城内虽有清道局，然城河之水秽气触鼻，僻静之区，坑厕接踵，较之租界几有天壤。”“租界均有电灯……如星罗棋布然，晚间照耀，无异白昼”，而“城内之天灯，几同黑暗世界，明晦悬殊，未免相形见绌也。”凡是有过这种感受的人，都会很自然地产生效法西方的观念。

鼎鼎大名的中国近代思想家、维新派领袖康有为在目睹了香港、上海租界的井然有序后，得出了“西人治术之有本”，并非“蛮夷之类”的结论，从而决心抛弃偏见，“大讲西学”。上海的地方士绅模仿租界发起“城厢自治运动”，建立了马路工程局，修桥拓路，装设水电，拆除城墙，填浜浚河，先后开发了南市、闸北等新城区。

租界的新式道路、住宅以及水、电、煤气的使用显示了工业文明的威力，起到了移风易俗的作用。街上“车声隆然，往来雷动”，“游人如织，士女如云”，促进了人口流动，提高了社会交往的程度，也加快了生活节奏。街衢纵横，店铺密密，“戏园酒肆，无一不备”，使传统的城市、建筑从内向型走向外向型，商品交换意识深入人心。严格的交通规则、环境条例迫使国人改变农耕时代自由散漫、不讲卫生的陋习。上海租界、华界的管理条例中都有居民定时倒垃圾，禁止施放爆竹、攀折树枝，不准在街上“倒提生禽”等规定。

学界认为公共租界拉开了近代上海城市环境治理的序幕，并为中国近代城市环境治理树立了一种“标杆式”样本。既有着重研究近代西方城市环境管理理念、管理机构、卫生制度移植到上海的过程，还对上海垃圾、水体、噪声管制等问题多有考察。

洋油灯、煤气灯、电灯，结束了城市居民沿袭久远的“日出而作，日入而息”的农耕时代的生活习惯。不过当初电灯出现时，国人闻者，以为奇事，一时谣诼纷纭，谓为将遭雷击，人心惶惶，不可抑制。后以试办无害，谣诼乃息。电灯成为市民生活中不可或缺的必需品，它延长了人们劳作、生意、娱乐休闲的时间，“夜市面”“夜生活”均由此而来。而且，电灯比煤气灯明亮且使用方便，其优越性被越来越多的中外人士认识。清光绪九年（1883）外滩、南京路以及百老汇路（今大名路）3条主要干道上都安装了电灯，道路照明状况大为改观。十六年，从英国引入交流白炽灯，逐步替代弧光灯，更为安全耐用。

与电灯的遭遇相似，自来水最初由于“风气未开，华人用者甚鲜，甚至谓水有毒质，饮之有害，相戒不用”，自来水公司被迫将自来水赠送城内外各茶馆和熟水业使用。待后来用者渐众，许多人认识到“昔饮河水，污秽不堪，易致疾病”，终于“遍装水管、饮濯称便”。从此，结束了城市居民用扁担、水桶从江河中提取浊水，再用水缸、明矾澄清杂质饮用的时代。另外，煤炭、煤油、煤气的使用，也开始把城市居民从柴灶、风箱的束缚中解放了出来。所谓开门7件事的第1件——柴，已失去了昔日不可或缺的地位。总之，从西方传来的用水、照明、燃烧方式，在租界出现后，不仅改变了人们传统的吃喝拉撒睡的生活方式，而且为改变中国传统的民居建筑形式创造了条件。

三、变革的潮流：房地产的商品化

仿佛是中国传统文化近代命运的缩影，江南传统民居的变革潮流，是在西方居住文化的冲击下，首先在沿海通商口岸及其毗邻地区形成，上海则是这一潮流的滥觞。清咸丰三年（1853），一起与居住建筑毫不相干的政治事件，突然把许多上海人从旧的居住方式中脱离出来。小刀会起义的战火将上海县南半城房屋毁灭过半。城厢内外及战事波及的青浦、嘉定等县的难民纷纷举家迁往上海的外国人居留地。到咸丰五年间，租界华人已由先前的500人增至20 000人。十年前后，由于太平军屡屡进逼上海，江南一带的地主士绅、商民视上海租界为避风港，竞相蜂拥而入，顿时租界房屋需求暴涨，人们惊呼“上海居，大不易”。一些外国洋行商人见房地产行情看涨，立即投入巨资，大兴土木，以售租简易的联排式房屋牟取暴利。据1860年统计，英美租界内已有以“里”为名的新建里弄木板房屋多达8 740幢。这种供华人居住的里弄木板房屋的大批出现，表明传统的江南院落式民居已不再是上海人居住房屋的唯一选择了。

中国民居模式的变革以此为契机，一日千里地不断发展。变革从最初起，就明显地反映出两大趋势：其一，在住宅的外观、结构等方面，表现得极为西化和现代化；其二，在住宅的建造与使用等方面，则表现为商品化和标准化。

人口的增长、工商业的发展及对其周边产生的辐射效应，客观上为上海地产业的畸形繁荣拉开了序幕，上海地价的连年上涨基本成为了当时上海地产业内的常态。与此同时，租界出现了众多知名而有影响力的地产商，老上海90%的房产（尤其是高级住宅）掌握在外资洋行、地产公司的手里，90%的上海人是靠租赁房屋安顿一家老小的。

上海大量的石库门弄堂房子，属于近代上海第一批商品房。较之以前的木板简屋，石库门建筑有了很大的提高，不但建筑质量和形制大为改观，很受上海人喜欢，而且对开发商来说，减少了用地，容易出租，租金也高，一般不到10年即可收回成本。因此这种具有上海特色、中西合璧的里弄石库门，一时成为上海最流行的民宅。它们的共同特点是将原先的三合院、四合院的独立式建筑，仿照欧洲联排式房屋的模式，加以横向联列高度密集而成。石库门里弄住宅可谓是典型的中西结合式住宅，除了总平面的里弄布局为欧式外，其分户单元的平面及结构和粉饰则脱胎于传统的三合院。住宅正面是高大的门墙，门洞设于院墙正中，石条砌成的门框，附有刻花雀替的石梁，青瓦门罩和华丽砖雕组成的仪门样门兜，漆黑的版门、金黄的铜环，显得严密紧固。入门是一个由院墙、三间（或五间）两厢的主屋合围而成的横向长方形天井；主屋二层朝南，正中为客堂，与大门同在一条中轴线上，从而保持了传统院落式住宅固有的情趣与秩序。客堂后面有通向二层的楼梯间，隔开一个小天井，可通宅后的单居厨房，由于使用传统的柴灶，俗称“灶披间”。石库门住宅面向天井的正屋前部不用砖墙，底层为落地格扇长窗，可以拆卸。二层上部为棂窗，下部为木裙板，也可拆卸，外护木字栅栏。室内则有屏门、挂落、飞罩等间隔点缀。石库门住宅的山墙作高出屋面的封火山墙，并以传统的观音兜式或马头式压顶，有的在东西厢房的山墙上开设了外向的窗户。整幢石库门的外墙面以纸筋石灰粉刷成白色，屋面蝴蝶式泥瓦呈青灰色，配以漆黑的大门、茶褐色的门窗木柱，色彩朴素淡雅。

20世纪二三十年代，由于外来移民数量巨大，日甚一日，城市面貌发生了巨大变化。晚清大臣李鸿章、盛宣怀都在上海大量置产，上海滩首富沙逊、哈同等人依靠房地产发家暴富。自从上海开辟租界以后，房地产业一路走高，后来者看得眼红，觉得绝对不会亏本，于是纷纷跟进。加上当时许多欧洲国家放弃银本位制，大量白银流入中国寻求投资出路。租界特殊的政治格局，也为城市房地产业的繁荣提供了一个基本的社会环境。于是出现了新式石库门民居，将原来的三间两厢紧缩为单开间或双间一厢的联列式，平面增加了后厢房，立面上出现了前厢房阳台及灶间上的亭子间、晒台等，外向的窗户还加设木百叶窗。石库门的门兜仿作西洋古典建筑装饰，采用了希腊式三角形、罗马式半圆拱形、巴洛克式多角体曲线形等花饰。山墙改用人字式两坡水压顶，也有在墙头上作西洋花饰线脚。屋面改用机制红瓦，墙面则用青砖嵌石灰线或红砖构水泥灰缝的清水墙面。新石库门里弄在排列上更注意整齐划一，分有总弄支弄，沿马路的总弄口多建造过街楼或砖砌发券拱门，有的还在支弄口建有砖券拱门以隔闭空间。

广式里弄住宅是一种外观类似广东城市旧宅的房屋，它完全没有围墙大门，没有天井和侧厢房，一律单开间二层毗连成行列式。最初可能是沿街石库门住宅为便于商业经营，形成开放式店面而作的一种改建。后来，人们利用其无天井布局、节约用地的特点，在工厂密集、人口拥挤的地段广为建造，供工人、小商贩、小职员租赁居住，一般三四户合用一幢，室内无上水管道，由弄内公用自来水龙头供水。1919年前后，上海的商业街道普遍建有前店后宅、下铺上居的新广式住宅，即将旧式的板墙改为砖墙，二层用预制水泥“牛腿”挑出铁栏杆阳台，并装有落地玻璃门窗，后部灶间上搭建了亭子间、晒台。

有的还在二层上搭建阁楼，在屋顶开设“老虎天窗”，俗称“假三层”。石库门和广式住宅作为旧式里弄住宅，除了安装水电外，基本没有煤气和卫生设备。清晨，每条弄堂都充满了倒洗马桶的声音和生煤球炉子的青烟。在没有天井、晒台的弄堂里，横跨弄堂的晾衣竹竿上挂满了“万国旗”。

弄口的过街楼和券门，中央多以砖雕或水泥做成匾额标出弄名，基本上以“弄”“里”“坊”为标志，前面冠以德、福、康、寿、仁、义、庆、安之类的吉祥字眼，因此弄名重复颇多。陈伯熙在《老上海》中指出1919年上海有12条“余庆里”、16条“永安里”、9条“寿康里”；虹口区乍浦路上曾有多福、多寿、多子、多孙4条弄堂；还有许多石库门的门楣上多题有“厚德载福”“积厚流光”“君子居之”“向阳门第”等一类吉祥语，昔时市民心态由此可见一斑。

房屋地产商品化的潮流，与上海发达的金融业有着千丝万缕的关系，银行业是流动性资金池，民众储蓄量倍增，银行就要寻求投资出路。它并不直接经营房地产业，而是通过设立名义上独立核算的信托部，出面吸收资金从事委托经营。房子造好后，除了少量分配给自己员工外，银行需要钱生钱，投资有道，大部分还是以各种形式出售或出租给外来户。此外，银行、钱庄视房地产为可靠信用物，因此许多房地产企业和个人在遇到急需头寸的时候，往往以房地产为抵押，向银行、钱庄贷款。这种抵押贷款物中，房地产往往占到50%左右，最终这些房产有八九成也被银行分配使用。既然银行投资建造或购买，许多房产便与银行名称有关，如兴业坊、浙兴里与浙江兴业银行，中实新村与中国实业银行，金城别墅、金城坊与金城银行等，房产与银行的关系一目了然。大陆银行投资兴建的大陆新村，包括山阴路上的6条弄堂，共有60幢独门进出的新式住宅。

20世纪30年代，石库门和广式住宅已不能适应当时某些上流社会阶层的生活需求，小康人家追求安静、卫生和独门独户的居住环境，富贵人家则进一步要求能有进出小汽车的通道以及车库。随着西洋建筑文化的传播和新型建材的输入与生产，在上海、天津等地出现了一批完全洋派的、更现代化的新式里弄住宅、花园式住宅、公寓式住宅。这些住宅在命名上，完全摒弃旧式的“弄”“里”“坊”，而分别改用“村”、“新村”、“别墅”（别业）、“花园”、“公寓”、“大楼”为标志，其含义也从传统的吉语变为单纯的产权所有者、所在马路地方的名称，有的甚至干脆以“辣斐”“福履”“凡尔登”“汉弥登”“毕卡第”等外国名字命名。

在许多人的观念中，“或构一宅，或辟一园，均惟西式之是尚”。新式里弄的外观与石库门住宅有明显不同，弄口改门洞式为门阙式，门阙两边刻书弄名。弄堂宽敞开放，总弄支弄区分明显。单元平面有单间、双间、间半式等，取消高墙天井，代之以矮墙。前庭，院有小铁门，位于一侧。也有少数只在宅门入口处做凹凸式台阶、门廊和小块绿地。楼有三层，居室布置崇尚欧洲生活习惯，底楼为起居室、餐室、配餐室，两楼以上为卧室，很少套间，互不穿越，多有阳台和落地门窗。后部除厨房、亭子间、晒台外，又添设“马桶间”（厕所）、浴室以及汽车间、储藏室等。设备有壁炉、煤气、水电、大小卫生（有抽水马桶、浴缸、洗脸盆三件套的，俗称“大卫生”；无浴缸或只有抽水马桶的则称“小卫生”）。房间门窗、楼梯、楼板多用进口洋松，屋面用机制红瓦，外墙以清水墙面、汰石子或拉毛水泥粉刷。

20世纪20年代后期，国内一些军阀、官僚和大资本家在上海、南京等地的风景名胜区建造了许多仿欧洲古典式、乡村别墅式、英国式或西班牙式的独院式花园住宅。这些住宅地处环境幽静的地段，讲究庭园绿化，建筑面积宽敞。建造者从追求享受、崇尚西洋生活的目的出发，力求“新奇”，如在宅前增加游泳池、网球场，室内增加舞厅、健身房、日光室、小放映室；个别的还布置有佛堂、祖堂。30年代，在上海开始出现近代高级住宅的另一种类型——高层公寓住宅。由于城市发展，地价昂贵，加上外国新型建材和建筑技术的引入，一些房地产集团相继投资，在公共交通便利和市政设施齐全的闹市区建造起八九层高的大楼。每层以不同间数组成的套间单元组合而成，一般以二室户、三室户为多，大楼内有电梯、煤卫、暖气热水设备和垃圾管道，楼前有小块绿化地和回车道、停车场。这些大楼多数由外国人租用。

花园洋房和高层公寓的出现，影响了新式里弄住宅的设计和建造。从30年代起，上海又出现了里弄式花园住宅和里弄式公寓住宅。除了内部房间布置略有不同外，这两种住宅在外观上多呈西班牙式和近代立体式，阳台有凸有凹，使用钢窗，平面布置有双联式、半独立式、联列式组合，弄内道路则有干道式、自由式。以上海思南路“周公馆”为例，这幢法式花园式里弄住宅，底层为炊事房、工友室和汽车间、门房间，一层为会客室、餐厅，二层为卧室、书房，三层也是卧室。每层都有内凹的阳台，通过露天楼梯可以到达花园。园内是大草坪，中央是雪松，四周种植有丁香、女贞、棕榈。任何人看到如此美丽的住宅，都会为近代中国的住宅形式发展变化之快而惊叹不已。

1934年至1949年这15年间，上海住房始终在“人口剧增，住房短缺——孤岛时期，人满为患——战后军政要员抢占房子，房荒加剧”这一旋涡中打转，且愈转愈深，深不见底，房荒始终是当时400万上海人挥之不去的梦魇。其根本原因，是1929年至1933年爆发于美国的世界性经济危机对近代上海经济造成巨大冲击，以及先后两次淞沪战事（1932年1月28日淞沪抗战、1937年8月13日淞沪会战）对本已羸弱的房地产业造成毁灭性打击。

居住在上海的人口越来越多，而房屋供不应求，出现严重的房荒，承租人将自己承租的房子，转租或分租给他人，俗称二房东。二房东的房客再将所租房屋转租、分租，就成了三房东……有一个滑稽戏《七十二家房客》，讲的就是民国时期上海那一段辛酸的往事。房屋租赁关系因层层转租、分租而复杂化。随着房荒严重，二房东以房牟利，成为旧上海房屋租赁中的畸形现象。二房东中的一部分贪婪分子通过巧立名目，软硬兼施以达到增加房租和其他收入的目的。有的甚至勾结地痞流氓等恶势力，反复刁难驱逐房客，以便向后来房客收取高额顶费和比前更高的租金。二房东为了扩大出租面积和增加分租间数，千方百计搞增搭建，不但使房客居住条件恶劣，也使房屋严重受损。二房东损害房客利益的恶劣事件经常见诸报刊报道，受到社会舆论谴责，直到新中国成立，人民政府根除了这一危害社会的毒瘤。

四、家具与居室设备的更新

家具是人类住宅居室中不可或缺的重要物品，它和居室中其他必要设备一样，是居住者生活习性的主要表现物。

西式器用的东传。清代乾隆年间，在西洋家具的影响下，首先在广州出现了一种以堆砌镶嵌大理石、彩瓷，雕刻西洋纹样为特征的清式家具，俗艳而造作，如太师椅、床式椅、大理石面的桌子。与此同时，江南传统民居的室内陈设，也开始出现了一些西洋奇器，如自鸣钟表、玻璃器皿、上发条的自行人和狮虎、西洋油画、瓷胎画珐琅、八音琴和风琴。这里特别需要说明的是，江南家具业具有悠久的历史，上海的传统家具是我国有名的明清家具的组成部分，在国内外享有盛名。清道光二十三年（1843），上海开埠后，西方人士纷纷来沪经商办厂，陆续在租界落户定居。刚开始，有的随家属带来了他们的西式家具，有的则拿出式样并提出要求在上海定制。随着西式家具文化传入中国，江南特别是上海的家具业逐渐发生了变化，西式家具异军突起，成为上海家具业的重要组成部分。西式家具传入上海，使上海家具业的同仁开阔了眼界。以后随着西方侨民来华的日益增多，西式家具的需求量不断上升，上海生产西式家具的条件便逐渐成熟起来。同治十年（1871），宁波籍的乐宗葆在上海南京路（今南京东路）租屋创办了上海第一家生产和经营西式家具的企业——泰昌木器公司，在贵州路设有家具制作工场，生产仿西欧宫廷式家具。产品有西式餐桌、带扶手的软垫靠背椅、沙发、西式柜、几、写字桌、穿衣镜等。材料都是进口的，有楠木、柳桉、玻璃、五金配件等。当时国内的一些洋务官僚、洋行买办、新派人士效仿西方生活方式，室内陈设布置追求欧化，一时西式家具在上海颇为流行，营业兴旺。

19世纪中叶，随着大批西方殖民者的到来和外国洋房的兴建，欧洲各种款式的家具及室内陈设也陆续输入沿海各地，其中有规格严谨的德国哥特式、科伦式，有线条典雅的丹麦式，有纤细稳固的英国式，还有浮雕华美的法国巴洛克式、洛可可式等。地毯、壁炉、皮沙发、大镜子更给所有前来参观造访的中国人留下了深刻的印象。清咸丰十一年（1861），清末思想家冯桂芬的长公子冯芳缉《游夷场》，以赞叹的语调记下了两处英人“居停”的情景：“室华而广，精美绝伦。一室遍铺地席，床椅皆袭香牛皮、褥内鼓以气，且柔且凉，坐卧之，几不能舍去。大镜方丈者两壁对映，望之如重房叠户，莫穷其际。其余华贵器皿，尤不胜纪”“其客坐中，满铺毡毹，炉火方炽，炉皆依壁，铁钩莹然。近秋以文石、桌椅床榻，无不美丽精巧，簟褥用皮而中鼓以气，高厚柔软胜于絮。陈设铜磁各皿，并灿然夺目。 大镜光照一室，四壁挂洋画，其人物生动如真，玻璃擎灯饰以涂金，不一其制……书架下宽上狭，制颇适宜。”

西式家具的普及。西洋家具与室内陈设首先在买办商人、留洋士人等上层华人的住宅中流行。冯芳缉曾谈及居沪的粤人陈微坦居室“一室设卧榻，二室皆客坐，室厅精洁，器具华美，不让夷商”。稍后，钱化佛称民国女词人、近代女权运动先驱吕碧城寓所内“陈设俱为欧式，钢琴油画，点缀其间，备极富丽，……客至狗摇尾以迎，甚为可爱”。

对于都市里的一般市民而言，明清时期江南的红木家具价格昂贵，除了作为艺术品收藏或有祖传的外，大多数人已无力问津。普通的老式木制家具，如太师椅、八仙桌、贵妃榻、花罩大床以及做嫁妆的红漆箱、樟木箱、书箱等，多数笨重庞大，难以进入狭小的弄堂房子。在这种情况下，西方近代家具的样式及制作方式进一步为社会所接受。光绪十四年（1888），浙江奉化籍木工毛茂林来沪谋生。开始时在四川路（今四川中路）腾凤里弄口设摊，以修理旧木家具和沙发为业。不久又为英商轮船修理船上家具，得到英国老板的赏识，租借给他四川路600号几间店面，正式开办了“毛全泰木器公司”，专做西式家具。由于业务兴旺，发展很快，在东体育会路上建造起两层楼房，底层为木工工场，二楼为油漆工场，另外还有10多家木工作坊定点为毛全泰加工白坯，业务蒸蒸日上。

在此期间，上海的四大百货公司——先施、永安、新新和大新公司相继开业，均设有家具部，供应西式家具，自设家具工场。西式家具的红红火火，自然也促使外商经营这方面的业务。外商经营家具的有：光绪十二年（1886）开设的英国福利公司，在南京路附近（今凤阳路927号）开办的福利公司家具厂，用机器生产家具，供应市场。三十年在南京路开设的英商惠罗公司经营高档进口家具，产品精良，闻名沪上。次年英商海克思在静安寺路（今南京西路摩士达商厦）开设美艺木器装饰有限公司，聘请英国设计师和管理人员，在上海招用木工、漆工、沙发工等生产西式古典家具，该公司产品美观精良，堪称为工艺木器，价格昂贵，受到上海上层人士的赞赏，很快闻名上海，成为上海西式家具业的一面旗帜。1920年德商在静安寺路（今南京西路鸿翔商厦）也开设了家具公司，取名为“现代家庭”。与此同时，一批中小西式家具店应市场需要，纷纷建立，至20世纪30年代，有数十家之多，并且逐渐有了相当大的规模。

现代家具适于一般小家庭使用，注重功能与美观，摒弃了古典式雕刻和繁杂精细的手工工艺，追求符合大批量生产的系列化、规范化。在城市的家具店里，供应的品类、样式趋于多元化，无论是材料、造型，还是色泽、结构，都在不断更新变化。

江南传统木器的转型与更新。以木器而论，有双人床、衣柜、被柜、写字台、梳妆台、桌椅、碗柜、夜壶箱、马桶箱；以竹藤器而论，则有竹榻、竹椅、藤高椅，藤绷、棕绷；还有直接从海外舶来的铁床、铁写字台、铁管椅，质地坚固，冷不可侵；帆布制作的交椅、折床，便于携带与收藏。在式样上，造型别致的沙发、席梦思弹簧床、转椅、可伸缩的大餐桌，配有穿衣镜的大橱、抽斗橱，以及装有玻璃门的酒柜、书橱等。另外，木器家具的制作材料也从过去的薄板发展到胶合板，油漆色彩也从深色转为浅暖色和中性色，家具更为轻便、美观，更适合现代生活方式了。

人们需要的家具除了可在木器店内购买外，在上海等地还有专门出租家具的商店。有些住宅在租售时，附带有室内家具，这给流动性很大的现代城市居民带来了免去搬迁之苦的便利。由于人口集中，空间减少，上海等地的住宅公寓内，产生了与隔墙结合的建筑式家具如壁橱、餐柜等。

居室陈设现代化的开端。家具西化的同时，都市华人的居室陈设也因水电的普及和现代生活用品的进口而更为舒适、方便。旧式的水缸、水桶、马桶、灯盏、煤油灯、煤气灯、自来风（上发条的风扇）、煤球炉等，相继被自来水、抽水马桶、浴缸、电灯（白炽灯和日光灯）、电风扇、电冰箱、电钟、暖气水汀、煤气灶所取代。但是，这些物品设备，在当时中国的土地上纯属凤毛麟角，更新始终在极有限的范围内进行着；相反，在广大的乡村、城市的棚户内，几千年来人们“席草为铺，支木为床，筑土为灶，垒石为凳”的现象几乎没有丝毫改善的希望，一直到新中国成立以后才逐步有了改观。

第一章

千年变局下的江南村落

江南广袤的土地上遍布着众多形态各异、各具风情、历史悠久的传统村落，这些传统村落是在长期的农耕文明传承过程中逐步形成的，传统村落体现着当地的传统文化、建筑艺术和村落空间格局。可以说，每一座村落，都是活着的文化遗产，体现了人与自然和谐相处的文化精髓和空间记忆。有的村落坐落在山环水抱、茂林修竹之中，与周边的自然要素巧妙融合，形成了人类理想的聚居地。这些村落在空间布局以及与自然环境的相处上往往构思巧妙，经历很长历史时期的传承，包含着人类与自然和谐相处的历史智慧，既有利于农业生产生活，又寄托着先人天人合一、耕读传家等美好愿望。这些传统村落，无疑是民族的宝贵遗产，也是不可再生的、潜在的文化旅游资源。

传统村落的空间布局具有强烈的本土地域特征，它的形成是一个不断完善的过程，包含着人与环境长期互动而形成的特定经验认识。经过漫长的人地互动，不同历史时期的村民的空间理想与生活哲学，逐渐形成了对本土地域的整体认知，以及独特的风俗习惯、宗法礼制等，这些认知和风俗习惯等又映射到传统村落空间的形态构造中。无论走到江南的哪个村落，都可以看到这些村落在营建过程中蕴含的“象天法地，天人合一”的思想观念，人与自然、主观与客观实现了和谐统一。

江南水乡粉墙黛瓦的农舍、流水潺潺的小河、古朴典雅的栈桥，芳草萋萋，花语飘香，美不胜收。江南的传统村落，使世世代代的农民能够就近就地进行耕作，适应当地的气候，把当地的土壤、地质和耕种技艺有机结合起来，培育出许多江南独特的具有地方风味的农作物产品。传统的农耕和日常生活，也是众多地方方言、风俗、手工艺品、传统节庆等民俗文化的宝贵资源。

尽管有千百年的传承延续，但至19世纪中叶，清朝国势已衰，农业生产不景气，财政拮据，民生艰难，经济衰退引起的社会动荡，也直接或间接地投射到了江南的各个村落。

▲ 1924 年，美国人约翰 · 弗里曼拍摄的绍兴河岸边的村庄

行到吴村香雨亭

——村落乡愁

篆刻家、书画家吴昌硕是中国近现代书画艺术发展过渡时期的关键人物，“诗、书、画、印”四绝的一代宗师，为“海派四大家”之一。清光绪八年（1882），吴昌硕流寓苏州，将他的母亲、妻儿一并接到苏州定居。那年他38岁，刻了一方“归仁里民”的印章，并在边款中用篆书加以说明“归仁吾鄣吴村里名，亦里仁为美之意。壬午冬昌石记”，强烈地表达了他对湖州故里的挚爱。

“归仁里”是浙江安吉西北隅的一个山村——鄣吴村。这个古村在明代之前唤作“归仁里”，出自《论语》“里仁为美，择不处仁，焉得知？”这是一座典型的江南古村落，村后的金华山拔地而起，像屏风一般；一湾出自深山的清泉折绕而过，向东北流去注入西苕溪主流，村东豁然开朗，阡陌纵横而又平整的良田，愈显金、玉二峰挺拔、秀伟。清代安吉乡土诗人王显承有《竹枝词》赞道：“行到吴村香雨亭，柳丝斜拂酒旗青。玉华金华双峰峙，流水落花出晚汀。”吴昌硕的一方印“归仁里民”，寄托着对生他养他的故土的离思与乡愁。

举这个例子，是想说明江南的古村落有历史、有家族传承、有独特的生活方式，它是江南文化的组成部分，也是我们文明的基因。乡村是民众生活的净土，是人们灵魂最后的栖息地和共同的家园。村落是最原始、最原真、最原生的资源，乡村风景宜人，空气清新，民风淳朴，形神有序，节奏舒缓，有着更多诗意与温情，有久违的乡音、乡土、乡情以及古朴的生活、恒久的价值和传统。

从鄣吴村看江南，可以发现整个江南民居的特点，兴造安宅是最基本的建筑活动。《黄帝宅经》说：“宅者，人之本。人以宅为家，居若安，即家代昌吉；若不安，即门族衰微。”江南古村落与国内其他古村落一样，一般都是坐北朝南，注重室内采光；以木梁承重，以砖、石、土砌护墙；以堂屋为中心，以雕梁画栋和装饰屋顶、檐口见长。住宅中，长条形和三合式居多，四合院和三进两院的大宅较少。长条形的房子，木柱石础，四面为木板壁直棂窗。堂屋前檐完全敞开，没有装修。房前屋后种树栽竹，显得明朗、活泼。三合式住宅是最基本的形制，一正两厢，有楼层，两厢各三间，围合在一起，前院很宽敞。

鄣吴村是由吴家的始迁祖吴瑾选择并建立的。大约在南宋初年，吴瑾开始定居在鄣吴村。几百年来，子姓繁衍，代有名宦才俊。尤其是明代嘉靖年间，鄣吴村出现一件足以让全村人引以为傲的盛事：吴家父子叔侄四进士。吴昌硕的十一、十二代祖，吴龙、吴麟、吴维岳、吴维京相

▲ 1926年冬天，上海周边郊县用竹篱笆围着的村落前的老人与小孩

▲ 民国时期江南传统古村落，雨中更显温馨与魅力

继进士及第，吴维岳更是官至右佥都御史之位，一时间“父子叔侄四进士”，这一戏文里才有的荣耀故事成为真实的佳话。

古村落除了传统民居之外，公共建筑如庙宇、祠堂、戏台、桥梁、道路、水井、作坊、学堂等自成体系，整体形态清晰，形成了自成一体的建筑群落或文化形态。具有独特的人居文化空间和传统思想文化价值，其历史脉络清晰可辨、总体风貌古朴独特、民俗传统传承不断。

村落结构也考虑了防御、水网，道路及重要建筑的布局。古村落除了具有独特而成规模的物质文化遗产，亦相应地蕴藏着独特而丰富的非物质文化遗产，例如山水传说、民族史诗、口头文学、建筑技艺、岁时节庆、民俗礼仪、村落传统、民间表演、传统工艺等。这些非物质文化遗产亦是古村落的重要内容。

著名建筑大家梁思成先生撰《中国建筑史》“第五节：元、明、清建筑特征之分析”讲道：“我国对于居室之传统观念，有如衣服，鲜求其永固，故欲求三四百年以上之住宅，殆无存者，故关于民居方面之实物，仅现代或清末房舍而已。”所以，我们如今所能见到的建筑形制，大抵以明清建筑为多，古村落中的建筑亦然。古村落是大家族或村组的聚居区，各种文化遗存丰富而独特，构建出一个充满生机的建筑聚居空间和精神文化空间体系，也是“古村落”的精华之所在。

▲ 1930 年前后，上海周边郊县的村庄

▲ 1936 年 10 月，江苏镇江的江天禅寺附近的村落与农舍

▲ 19 世纪 60 年代，英国人威廉·桑德斯拍摄上海农舍庭院中村民剃头情景

庭院深深深几许

——庭院深深

庭院是村落的基本单元，也是传统民居的基础，数千年来，传统庭院从功能到文化，从生计到精神，它早已不仅仅是单纯用于居住，而是中国人释放心灵的空间，书写人生精彩的诗意家园，故民间历来有“五千年东方智慧，蕴藏于一方庭院”的俗语。

江南的庭院，除了注重前街后河，它的平面布局方式，与北方四合院异曲同工，只是江南梅雨季节长，闷热潮湿，且地形复杂多变。明清以降，越来越多的人南迁，导致土地紧张，不可能像北方有那么大的用地，俗称“院落小、开间大”，布置相当紧凑。

太湖中有个西山雕花楼，空间并不大，就如同四四方方的一个院子，周围环绕着大小建筑，只留中间一方天井可看到天空。但窄小的空间内，却有几株翠竹钻出石丛，顽强地铺展出一片青绿。它原本是园主人精心设计的园景，哪怕浓缩到一方小小天井，也能绽放出生命的极简之美。明代文人夏言《浣溪沙·庭院沉沉白日斜》里的诗句，“庭院沉沉白日斜，绿阴满地又飞花”，以一笔悠长的墨韵，描摹出了中国古典庭院古朴清旷的悠然身影。

被誉为“中国四大名园”之一的苏州拙政园，已有逾500年的历史。最初是明代官员王献臣府邸的庭院，王氏官场失意后回到苏州，筹建了这座园林。园内的设计以水景为主，有着宽阔的池塘和湖泊，景观布局优雅、错落有致。园内有堂、楼、亭、轩等30多处建筑，还有美丽的花圃、竹丛、果园和桃林。虽然历经沧桑和变迁，但依然保留了江南园林的独特魅力。园内每个景点都有其独特之处，令人流连忘返。明代才子文徵明还为拙政园绘制了31幅图画，创作了《王氏拙政园记》，帮助人们了解园林的历史和文化。其实，江南园林大多是宋代以后慢慢建成的。所谓私家园林，就是江南最为典型的庭院。

古代的中国人，在日常生活中有很多反映宗法观念的事物，比如大家族会修宗庙祠堂，会定期举行祭祀典礼，同姓的人会聚居，而且形成一个庞大的家族，还有家风家训的传承都是宗法观念的反映。每

▲ 1924—1925 年，美国人约翰·弗里曼拍摄的绍兴传统民居

▲ 1930 年，上海周边郊县农民于院落中编制竹器

▲ 民国时期苏南乡下农民家庭的庭院，此户三代同堂，生活困顿，房屋简陋破旧

一座园子，都是一个家族聚居的地方，人口往往超过百人，而几乎每一座园林里都有家族祠堂，供子孙祭祀。园林几乎糅合了所有宗法思想的精髓，冰冷的建筑物凝聚着宗族的温暖情怀。

宋代以后的江南地区，开始得到很大程度的开发，及至明清，江南园林才呈现出成熟的景象。江南园林的建筑风格和特点，体现儒释道融合所形成的天人合一和中庸之道的思想，在园林建筑的风格上，敬畏自然，尽可能呈现出一种宛如大自然的鬼斧神工一样的风格；一种平静宁和的气息，青瓦白墙，圆形拱门，凡事都追求对称和适当，寻找制衡点和中心点，让整个建筑显得宁静。追求庭院自由和自然的融合，体现出旷达的胸襟和超凡脱俗的追求，这一风格在经过不断地发展后逐渐融合成为了中华民族的美学之一，江南的园林就成为了中华民族山水美学风格的集中反映。

庭院是中国古代建筑群体布局的灵魂，是屋宇、围墙、走廊围合而成的内向性封闭空间。在易受自然灾害侵袭和社会不安定因素影响的环境里，封闭的庭院具有防护作用，可以满足房屋采光、通风、排泄雨水的需要，也是进行室外活动和种植花木用来美化生活的场所。北宋文学家欧阳修《蝶恋花》曰：“庭院深深深几许？杨柳堆烟，帘幕无重数。”深深的庭院不知有多深，一排排杨柳堆起绿色的云，一重重帘幕多得难以计数。清代学者陈廷焯评价道："连用三'深'字，妙甚。偏是楼高不见，试想千古有情人读至结处，无不泪下。绝世至文。"中国人自古就有庭院和院落情结，庭院深深，私密性强，从外面看，不显山不露水，走进去却自成天地，彰显出江南庭院深厚的人文意蕴。

▲ 1945 年，南京农村院落里的一家人

▲ 民国时期苏州留园五峰仙馆的厅堂，素有江南最大厅堂之称

移却松筠致客堂

——厅堂演变

唐代诗人徐夤作《客厅》诗云：“移却松筠致客堂，净泥环堵贮荷香。衡茅只要免风雨，藻棁不须高栋梁。丰蔀仲尼明演易，作歌五子恨雕墙。燕台汉阁王侯事，青史千年播耿光。”这首诗很有意趣，通过对客厅布置的描述，移开松竹以迎客；清洁的土墙上留着荷花的香气，诗人以燕台汉阁为出发点，表达了对历史中众多王侯及他们的事迹的思考。

传统宅邸的客厅，吴语常用“客堂间”来表述，历来是使用频率很高的场所，也可以说是家庭的公共空间，更是一个家庭的门面担当，它承载了无数家庭主人对生活的憧憬和意趣。从晚清到民国，它也经历着一个逐渐演变的过程。

如今人们已经习惯将“厅堂”两字合用，意指那些会客、待客、

▲ 民国时期上海豫园三穗堂，高悬“三穗堂”“灵台经始”“城市山林”三块匾额

▲ 民国时期的传统中式风格客厅

▲ 民国时期上海的西式风格起居室

行礼或晤谈的室内空间，古代，厅是厅，堂是堂，各具其意。语义学告诉我们，“厅”（廳）的原字为“听”（聽），意指倾听他人意见而处理事情，处理“听”事务的场所就叫“听事”。魏晋以后加“广”字头，成为“厅”（廳），意为“取以听事也”，也用作见客、宴会等事宜。

“堂”原意是建立在台基上的建筑物，《园冶》曰：“堂者，当也。谓当正向阳之屋，以取堂堂高显之义。”从建筑学角度来看，木梁架用扁方木料（扁作）的称为“厅”，用圆木料（圆作）的称为“堂”。后来，厅和堂的梁架，既有扁作也有圆作，混而为一了，故而统称为“厅堂”。厅堂除了具有家族内部的供奉和礼仪等功能外，还兼有展示和会客等功能。

《园冶》中提出“凡园圃立基，定厅堂为主”，厅堂一般在宅第建筑群组中处于主导地位。从明至清，江南民居中的厅堂，讲究严格有序，中规中矩，以正厅中轴线为基准，采用成组成套的对称方式摆放相关物品，家具、楹联、匾额、挂屏、书画屏条都以中轴线形成两边对称布置，庄重、高贵，非常有气派。

明清时期，江南民居中的厅堂亦称“大厅”或“正厅”。作为全宅最重要的主体空间，处在正落的显著位置上，通常在位于正落的门厅、轿厅或茶厅之后，在全宅中空间最大、装饰最精美。厅前隔着天井或庭院，通常有雕饰精美的门楼作为对景。在“居中为

▲ 20 世纪 30 年代，上海富贵人家为老人祝寿的厅堂

贵，左右为次”的礼制观念影响下，厅堂是宅院中体现政治和伦理等级最高的处所。

清代宅第厅堂逐渐固化了，形成固定性陈设。以正中设大案，前部两排16把交椅为经典陈设，传统厅堂典雅庄重、端方肃穆，中堂家具多为6件套：条案、方桌各一张，椅、几各两个。除了这些固定的陈设，厅堂之中还经常摆放数套太师椅或中式椅子，布置讲究周正、庄严、对称、配套、和谐。这种厅堂的布置，尽管处于室内依照轴线的对称布置，但也减少了诸多正规仪式性厅堂的端肃、庄严、神秘和压抑。

民国时期虽然战争频仍，却是一个传统文化与西方思想风云激荡并相互交融的时代，随着人民思想的逐渐开放与西洋文化的冲击，民居厅堂也产生了一定的变革。例如不过分强调厅堂的对称，许多房屋设有面积较大的客厅，供主人们会客休闲。有的甚至按西方人习惯，客厅陈设家具的主体是陈列柜、牌桌和椅子，体现欧式家具的展示和休闲两大功能。形式上这种布置相对轻松与自由，但主题格调依然以传统厚重为主。

作为普通民众住宅的客厅，一方面受到西方生活方式的影响，另一方面也由于家庭规模的缩小带来住宅的变化，如新式石库门住宅的客厅，已经担负更多起居功能，承载居者于家活动，社交价值开始显现。许多名流学者家的客厅，经常是文人学者交流学术的地方。他们不分身份，没有繁文缛节，没有固定主题，也没有固定时间，只是海阔天空地聊天，不分彼此的灵魂交流，在客厅汲取信息、交流思想、评论国事、激发灵感。1921年7月23日，一件在中国历史上堪称开天辟地的大事在上海悄然发生——中国共产党第一次全国代表大会，就在上海法租界一幢石库门楼房的客厅里召开，这个小小客厅承载着改变中国命运的宏大使命。

但问高居何处村

——马头院墙

晚清及至民国时期江南民居，在建筑形制上，基本都采用徽派建筑的风格，可以说徽派建筑最初源于古徽州，是江南建筑的典型代表。明清以来，徽商在扬州、苏州、上海等地经营，此种建筑风格因此在江浙一带广泛流行。其建筑样式，一般都坐北朝南，注重内部采光；以砖、木、石为原料，以木构架为主。以木梁承重，以砖、石、

▲ 江南民居建筑一般都采用徽派建筑的马头墙

▲ 江南徽派建筑马头墙，源远流长

▲ 20 世纪 40 年代，南京鸡鸣寺马头墙，檐翘角，线条优美

土砌护墙；以堂屋为中心，以雕梁画栋和装饰屋顶、檐口见长，它的建筑元素很是耐人寻味。

人们耳熟能详的“马头墙”，历来是江南民居重要的特色。据说马头墙最早诞生在明弘治年间（1488—1505）。徽州地貌以丘陵山地为主，地少人多，一般村民的民宅都是聚族而建，房屋相连，鳞次栉比，村落中的道路也显得狭窄。且房屋又是以木质结构为主，倘若发生火灾，很容易引起火势蔓延，风借火势，不可收拾。明弘治年间，有一位叫何歆的徽州知府，提出用砖将两户之间的巷道墙砌成高大的墙体，此举能有效遏制火烧连片房屋的问题。何知府不愧是个爱动脑筋的好官，他的主意很快被当地人们所接受。这种高大的墙体就叫“封火墙”。后来经过民间无数的能工巧匠对封火墙的美化装饰，使其造型如高昂的奔腾向前的马头，因此而得名“马头墙”，倒也十分贴切。

同样是“马头墙”，明清时期江南民居中也呈现出不同的风格。“青砖小瓦马头墙，回廊挂落花格窗”式的属于皖南徽派风格；“灵龙卧脊、木格门窗、朱漆黑瓦”式的则是江南苏州的风格，有的地方是两种风格的渗透融合。马头墙有鹊尾式、印斗式、坐吻式、金印式和朝笏式等5种式样，虽造型各异，但均遵循“天人合一”的理念：既通过实用功能适应江南多雨、多火的环境，又以象征化的造型（如印、笏、兽吻）寄托了家族对功名、平安、尊严的追求，成为“形神兼备”的建筑符号。徽派民居藏在山中，古朴庄严，高墙封闭，庭院深深，轮廓呈阶梯状、高低错落的马头墙，黑白对比，简约灵动，那种昂首嘶鸣欲奔的活力之美，十分壮观，隐喻着整个宗族的兴旺发展趋势，也暗含外出经商的亲人马到成功之意。浙东地区马头墙端角翘

▲ 清末明信片上所示上海豫园内景暨龙形围墙

得很高，南京、扬州一带的马头墙较平缓，大多有鳌鱼、天狗、哺鸡等屋脊装饰件，象征灭火镇邪、趋吉避凶。

马，在众多的动物中，可以称得上是一种吉祥物，中国古代“一马当先”“马到成功”“汗马功劳”等成语，显现出人们对马的崇拜与喜爱。而从高处往下看，聚族而居的村落中，高低起伏的马头墙，给人在视觉上产生一种“万马奔腾”的动感，也隐喻着整个宗族生机勃勃，兴旺发达。

▲ 江南古镇民居马头墙高低错落，有两叠式，三叠式，多至五叠式，俗称“五岳朝天”

马头墙，高低错落，一般有两叠式、三叠式，特别大的宅子，因有前后厅，马头墙的叠数可多至五叠式，这种样式的马头墙，民间又称“五岳朝天”。马头墙有防火保安全的作用，天长日久，就成了江南民居的一种标志性装饰，成为江南大地上亮丽的风景。

除了“马头墙”，江南民居中另外一些细节也是含义深长，例如房檐上带有图案的瓦片，叫瓦当。通常瓦片上刻有“寿”字，下方的虎头状图案意为“以虎威辟邪”。由于“虎”“福”同音，“虎”“兽”合起来寓意为“福寿双全”。“龙生九子”传说中，龙的第九子叫螭吻。它口阔嗓粗而好吞，故取其灭火消灾之意。再如宅院里的“门当”和“户对”，前者指大门前左右两侧摆放的一对墩式石鼓，石鼓面上雕刻的花卉、瑞兽等图案，是宅院主人身份的象征；而“户对”则指的是置于门楣两侧的砖、木雕和木柱，有“门当”必有“户对”，颇有成双配对、永不分离之意。清代方士庹《新安竹枝词》云：“良贱千年不结婚，布袍纨绔叙寒温。相逢哪用通名姓，但问高居何处村？”旧时婚俗，男女成亲之前，大多也要从“门当”与

“户对”来考察对方家庭的地位与财势，后逐渐成为男婚女嫁的一个判断标准。

“五岳朝天马头墙，青砖黛瓦垂花廊”。这句竹枝词就是江南民众对天的敬畏和虔诚，也是人们对生活充满自信的写照。马头墙造型的别致和生动，得到了岁月的认可，并和江南各地民众日常生活达成了默契，沉淀在经年累月中，焕发着熠熠光华的民俗文化。

黛瓦摇灯醉夕阳

——粉墙黛瓦

“清流枕月穿丝柳，黛瓦摇灯醉夕阳；倒影粉墙匀水墨，枕河明月秀琼妆”。这首在江南脍炙人口的竹枝词，不知何人所作，诗的意境很美。还有一句“黛瓦粉墙笼紫雾，月华灯影伴星妆”，也不知何人所写。月夜里拱桥枕水，黛瓦粉墙，曲径通幽的小巷，月华灯影，一切是那么宁和平静，那么与世无争，那么令人沉醉。

▲ 民国时期上海近郊水乡周庄之古民居

粉墙，指的是用白灰粉刷过的墙，唐代方干《新月》诗：“隐隐临珠箔，微微上粉墙。”元代王实甫《西厢记》第一本第一折：“门掩着梨花深院，粉墙儿高似青天。”《红楼梦》第十七回：“雪白粉墙，下面虎石，砌成纹理，不落富贵俗套”，说的都是“粉墙”；黛瓦，指的是青黑色的瓦。“粉墙黛瓦”，经济实惠，黑白相间，显得清爽宜人；梅雨季节，江南地区相对潮湿，也可防潮防虫，南方雨水多，黑瓦铺屋顶，既利于排水又防漏，冬天还能起到一定的保温作用。白色的墙壁、青黑的瓦，形成一种朴素淡雅的风格，与小桥流水似乎是天作之合；春天，在花红柳绿和油菜黄的衬托下，灵秀婉约，赏心悦目，如一幅水墨晕染的山水画。

▲ 江南的气候特点与水乡多河的环境，造就了水乡粉墙黛瓦的特色

▲ 江南很有意境的粉墙黛瓦

作为江南古城镇民居的主色调，为什么是粉墙黛瓦而不是大红大绿，或者是其他色彩？也许这是一种长期的、历史的选择，是地理条件、人文环境、审美情趣等各种因素共同作用的结果。粉墙黛瓦也可以说是素雅的色彩，更多的恐怕与江南文化中黑白两极色彩的渊源有关。中国围棋是黑白对弈，中国书画是黑白对比，民居建筑以黑瓦下的粉墙作为底衬，最易展现自然界在粉墙上投下的书画般的美丽。

粉墙黛瓦的搭配与选择，不仅实用美观，还暗合阴阳五行的学说。按照阴阳五行学说，世间万物，不离五行，每一物，也有其五行属性。五行中金为白色，坐西方位，神兽白虎，有镇魅辟邪之功能；木为青色，坐东方位，神兽青龙，有生发兴活之功能；水为黑色，坐北方位，神兽玄武，有润育涵养之功能；火为红色，坐南方位，图腾

▲ 岁月流年，从春流到夏，小镇上的粉墙黛瓦，处处都是风景

▲ 江南山色空蒙下的民居景致

为朱雀，有蒸腾旺盛之功能，土为黄色，坐中方位，神兽黄麟，有承容万物之功能。从地理学来分析，赤道为界，赤道以北为北半球，赤道以南为南半球，中国在北半球，太阳总在南方，因而我们的祖先就将民居建筑坐北朝南，中国人的建筑大抵又是木结构，木怕火，所以古人认为黑色（水）瓦盖可克火，风水上，如果四边外墙都用白色（白虎），可以趋吉辟邪。

黛瓦之“黛”，自然也包含了青砖等材质。青砖是天然黏土，经过多道工序，烧制后加水冷却而成。以优质木料做梁，以黛瓦为顶、以青砖搭建房身，冬暖夏凉、环保养生、坚实耐久，显现出古雅沉稳的色泽质地。在水磨青砖的门罩、门楼和飞檐上，雕出花鸟走兽等吉祥纹饰，精美对称，生动流畅，砖雕图案与整体建筑都十分协调。江南村落多“负阴抱阳、背山面水”，与地形环境完美契合，与自然融为一体，也符合民俗上的选址布局三原则：天地人合一、阴阳平衡、五行相生相克。传统民居崇尚自然，讲究风水，强化血缘，兼顾族群，上敬天拜神祭祖，下对后辈子孙负责，注重“天时、地利、人和”协调统一的内在规律和生态节能。江南地区的许多大家族能够形成“千丁之族未尝散居”的民风，绝非偶然。

粉墙黛瓦兴盛于明代。明代江南经济繁荣发展，理学达到巅峰，这种色彩与程朱理学是否存在关联，尚需进行专门的探讨。但“存天理灭人欲”的理念主张，引导人清心寡欲，素雅的黑白灰色调确能代表简约朴素的精神风貌，则是肯定的。“夫宅者，乃是阴阳之枢纽，人伦之规模”，古人把择地建房称为“卜居”，讲究从风水的角度来选择居住的环境，房屋的朝向、形式、布局以及前后左右建筑的关系，粉墙黛瓦的民居是否与自然环境和谐共生，其背后的意蕴是值得深思的。

虫声新透绿窗纱

——窗棂之美

古建筑学家陈从周先生在《续说园》中说：“我国古代园林多封闭，以有限面积，造无限空间，故‘空灵’二字，为造园之要谛。”这是对江南民居，包括园林彰显空灵之美的精妙概括。

江南园林中的门窗，包括洞门、窗棂和景窗，兼有实用性和装饰性，无论是洞门、窗棂和景窗皆巧费心思，变幻出多种形状，从而在咫尺天地产生了美轮美奂的艺术效果，给人以无尽的审美趣味。

▲ 清代苏州留园红豆杉木榫卯结构花窗“四出藤芽”

唐代诗人刘方平《月夜》诗云：“更深月色半人家，北斗阑干南斗斜。今夜偏知春气暖，虫声新透绿窗纱。”人们凭借景窗，捕捉天籁，可以将自然界的种种微妙变化融入意识，产生一种美梦般的幻觉。在恍惚迷离的氛围中引出朦胧的诗意，以铸就一个个光影幻妙的图画。窗外一丛修竹、一枝古梅、一棵芭蕉或几块山石、一湾小溪，乃至小山丛林、重崖复岭、深洞丘壑，配上窗框图案，皆可成为“尺幅窗，无心画”的题材。

人类最早居洞为穴，后来逐渐学会造房子。从语源学上来看，“窗”从“囱”转化而来，“囱”

▲ 苏州拙政园旧址八旗会馆中的月洞门

是屋顶上开个洞，窗为通风采光之道。随着中国建筑工艺的进步与发展，窗对房舍的美化作用逐渐被显示出来。所谓“窗棂”，其实就是窗户上的雕花格子。中国传统建筑一般为木结构，墙体一般也不承重，隔扇、槛窗可以做得轻盈通透，窗又常处在人们的视觉区域内，成了传统建筑装饰的重点所在。春秋战国时期的窗棂已经具有许多变化，出现了十字格和斜方格窗棂。《后汉书·梁冀传》：“窗牖皆有绮疏青琐，图以云气仙灵。”及至唐宋时期，中国窗棂样式日益趋于

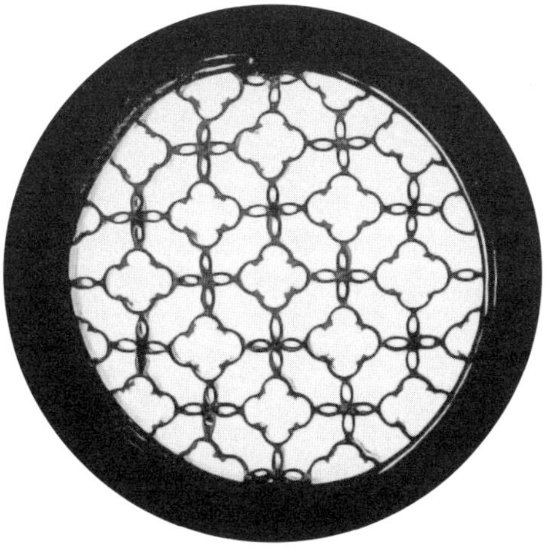

▲ 苏州留园内院的花窗，窗棂艺术达于极致

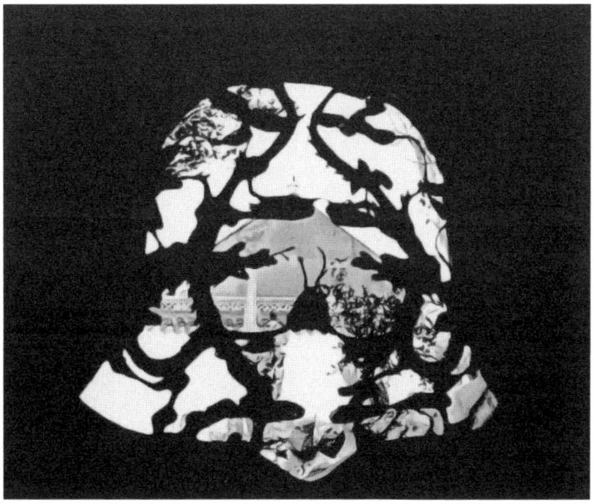

▲ 苏州狮子林的花窗

▲ 民国时期传统雕花门窗前女子与其爱犬

丰富多彩。从今天留存的房屋古建筑来看，明清的窗棂是最具有艺术特色的。

在还没有出现玻璃的古代社会，东汉以后虽然发明了造纸，但是那个纸还不能大面积当窗户纸用，所以古书上记载的大多是用绫这个丝绸织品作窗上饰物，用丝绸的成本当然要比纸的成本高许多，且透光较差。倘若窗子做得过大，一经风吹雨打、日晒雨淋，就会破损，所以明清以来的传统民居，窗子上总是要加窗棂格，棂格的使用同时也可以提高窗户的牢固度。江南古建筑素有“无宅不雕花”的美誉，凡有建筑处，都可看到匠师的三雕艺术。

根据古建筑学家的意见，古代的窗子，大致分六类：一是“板棂窗”，即俗话说的“花格窗”，由窗框和竖向排列的棂条组成，中间有横棂，一般二条或三条。窗背糊纸，不可开启；二是“隔扇”，也叫落地长窗、格子门，过去老上海石库门沿用，通风、采光，窗棂图案多种，至今仍有采用；三是“隔断”，就是“屏风”，轻巧典丽而可移动，其窗棂精雕细刻，成为居室中精美的摆设品；四是“槛窗”，老百姓通常称“半窗”，素有

“民间故宫”之称的浙江东阳卢宅，现存明式槛窗，很有特色；五是“支隔窗”，常见于北方建筑，至今犹存；六是“遮羞窗”，纯粹以装饰性的窗棂来遮挡路人视线，窗格上有精美的图案，甚是典雅。

这最后一种“遮羞窗”，在古徽州民居中，当地又俗称“小姐窗”，女子的一生都与风情万种的花窗息息相关，对她们而言，花窗是她们的眼睛，更是她们一生的见证。相传“小姐窗”独特的雕刻工艺，让楼上的小姐可以清楚地看到楼下的景致和客人，而楼下的客人只能看到小姐若隐若现的身姿，正所谓“帘半卷，露新妆，春衫是柳黄”。不知当年那些眉目如画的少女们该是何等风姿，以至于高墙外的男子都忍不住听着“墙里佳人笑”。窗内的雕刻通常是百鸟朝凤、麒麟送子、天女散花、天官赐福等期盼女子能嫁得好归宿、多子多福的图案。而窗外的雕刻多是些梅、兰、竹、菊、海棠、桃花等寓意着天生丽质、花容月貌的图案，也让外人一抬头便可辨识。在花窗的光影下，不仅记载了四季的轮回变换，演绎了生命的悲喜离合，更蕴藏了窗里人的绵绵情思。

览却雕花再无楼

——雕梁画栋

在江南，无论高门宅院，还是普通民宅，抑或寺庙道观，都可以看到古建筑与众不同的气韵。装点这种气韵的是江南无数的能工巧匠，他们用木雕、砖雕、石雕，将一根木、一方砖、一块石，融入复杂精妙的建筑布局，也将融山入水的文人情怀与具体的建筑形制融为一体，彰显出深厚的历史渊源和文化底蕴。即使民居门楣上刻着的一支兰草，或者“耕读传家”“福禄寿”三星小品，看似随意，实为呕心沥血之作，处处体现出能工巧匠的匠心独运。

苏州市吴中区东山镇紫金路的春在楼，雕栏玉砌春常在，堪称江南第一雕花楼。据说“春在楼”典出清末诗人俞樾“花落春仍在”的

▲ 江南砖雕风格纤细、刻工精良，空间层次丰富、意境深远

▲ 1933 年，上海玉雕师傅宋福生雕刻玉狮子时的工作情景

殿试名句，也有一说取自名联：“向阳门第春长在，积德人家庆有余”，取祥瑞之意，又因主楼梁、桁、椽、柱、门、窗、墙、地，处处都有雕刻，被称为“雕花楼”。吴中香山自古出建筑工匠，以营造宫式建筑著称，在江南一带有“香山帮”之称，雕花楼就出自这批香山帮工艺名匠的设计与创造。

春在楼的造主金锡之，是东山镇施巷村人。幼年读私塾于家乡，少年时由同乡席微三带往上海浦东川沙县典当行为学徒。后自立门户，设公茂纱号，经营棉花、棉纱、棉布和美孚石油。曾一度被推举为上海纱业公会会长。其经营发迹后将母亲接到上海居住，但是母亲住不惯闹市，总是想着身故后归葬故乡，故一定要儿子回家乡造新楼。于是，金锡之转卖洋楼，所得全部用于回家乡建楼。1922年，春在楼动工。250多位工匠历时3年，至1925年竣工，造价17万银元，折算黄金3 741两。

春在楼把江南“三雕”艺术推向了极致。全楼有木雕、砖雕、石雕、金雕、泥雕（塑）共计3 800幅，可谓“无处不雕，无处不刻”，在江南的近现代建筑中，独占鳌头。有诗赞曰：“砖雕木刻聚一楼，浩繁精巧天下秀。蒯祥已育香山帮，览却雕花再无楼。”雕刻从内容上大略可以分为教化、祈福、故事（戏雕）和日常生活几种类

▲ 1936 年，上海一木雕匠人雕刻圣母像之景

型。除此之外还有表现文人情趣的竖琴、棋盘、书函和画卷，并形成了统一的程式。民居建筑还喜欢用八仙的传说作为装饰内容，常被简化为张果老的鱼鼓、汉钟离的芭蕉扇、曹国舅的笏板、蓝采和的花篮、李铁拐的葫芦、韩湘子的玉笛、何仙姑的荷花和吕洞宾的宝剑等八件器物，俗称“暗八仙”。其他如仙桃葫芦、福寿延年、石榴蝙蝠、扇状瓶形等，极富装饰趣味，让人在窗外漫游，移步观景，一如置身在画廊中赏画。窗子绝不仅仅是为了透光和通风，更是充满了诗情画意，令人流连忘返。

“无雕不成楼，有雕斯为贵”。门楼以平雕、浮雕、透雕、镂雕等多种雕刻手法显示出鬼斧神工般的高超技艺，精美绝伦。同样，苏州玄妙观三清殿的砖雕也是宋代苏派砖雕的代表之一。砖雕门楼，如网师园、拙政园、严家花园、虹饮山房、冯桂芬故居、师俭堂等，一处处门楼砖雕作品，充分使用质地细腻的水磨青砖，注重层次与深度的雕琢，采用浮雕手法，强调图案、用料对称，立体感强；题材选择上，运用神话传说、戏曲故事、吉祥图案等，将二字或四字的匾额与题额、印章紧密结合，秀逸典雅之感呼之欲出。

石雕是中国传统工艺美术的重要组成部分，历史悠久、品类繁多。江南石雕的产生与发展得益于江南本地丰富的青石和花岗石资源。至今发现的江南石雕实物，最早的如东汉末年孙坚、孙策墓的楣石。虎丘云岩寺庙出土的石函是五代至宋初的文物，石函由6块青石组成，四面均有浮雕，一面中坐一佛，两侧有胁侍、供养人、底部四周浮雕云纹。

木雕是从木工中分离出来的一个工种，一般选用质地细密坚韧，不易变形的树种如楠木、紫檀、樟木、柏木、银杏、沉香、红木、龙眼等。在技法上，木雕，又可分为圆雕、浮雕、镂雕等，有的还涂色施彩用以保护木质和美化。采用自然形态的树根雕刻艺术品则为“树根雕刻”。

苏州春在楼的华美，完美地代表着江南“三刻”的惊人成就，它雕刻了主人辉煌的人生和对美好生活的向往，同时也凝聚了香山帮工匠的智慧和技巧。历史的烟云已远去，“花落春仍在”。春在楼成为历史繁华瞬间和匠心智慧的最好见证。

▲ 晚清宁波福建会馆盘龙石柱和石狮，龙与狮栩栩如生，惟妙惟肖

▲ 1937 年，上海师傅领着徒弟正在雕塑建筑所用的装饰物

▲ 清末民初上海近郊农舍菜地间，青年菜农赴田劳作

溪南溪北稻花清

——村落景观

清嘉庆十年（1805），陆鸿文作《钟溪棹歌》。棹歌作为从民歌发展而来的诗乐形式，继承了《诗经》《乐府》的传统，广泛采用比兴、谐音、双关等手法，民歌韵味浓烈。棹歌事实上也是竹枝词的一种表现形式，本为渔民在撑船、划船、船上作业时唱的渔歌，演化为江南水乡的乡土歌谣和诗词。内容多为地方掌故、民俗民风、风土人情、物产野味等，主题一般是村落景观和民众的生活。清代除陆鸿文之外，还有浙江嘉兴平湖人沈步青撰写的《钟溪棹歌》中也有许多描写钟溪百姓勤劳务实、丰衣足食、安居乐业的田园景观画卷，如“红豆篱边促织鸣，溪南溪北稻花清。多缘里巷丰衣食，止水庵今改太平”。这首优美的棹歌，反映了江南水乡仲秋时节农舍的篱边景色，繁忙的织布声，溪南、溪北洋溢着稻花香的情景。

藏在江南深处的古村落，一半是人间烟火，一半是岁月沧桑。特别富含古韵的村落，又仿佛一幅绮丽而又富有诗意的山水画卷。乡村文明是中华民族文明史的基础，村庄是这种文明的载体。它具有自然美，未被现代文明浸染的乡村，自然景观大抵不需要经过人为的二次加工，具有原真、朴实的属性；它还具有物态美，物态是农耕的美，体现在人与自然的和谐共生，作用于村落景观的，如乡土地貌、乡土植被、乡土材料、乡土色彩等众多实体元素。它是需要经过二次加工的“物”，可以归为地域性要素，如人工乡土构筑物、农具、生活器具和劳作方式等，有着极高使用价值和浓郁的乡土气息。

鸦片战争之后，清王朝迅速衰败，被迫签订《南京条约》，中国的领土主权遭到破坏，经济被卷入世界资本主义市场，自然经济开始解体。外国资本主义对于中国的社会经济产生了很大的分解作用，一

▲ 1924—1925 年，美国人约翰 · 弗里曼拍摄的浙江绍兴水乡风光

方面破坏了中国自给自足的自然经济的基础，破坏了城市的手工业和农民的家庭手工业；另一方面则促进了中国城乡商品经济的发展。

鸦片战争之后，欧风东渐，西方文化如潮如涌。然而，从另一方面看，对于中国村落景观的影响和改变则是缓慢的。江南的古村落，大多起于宋元，成于明清，它们绵延不绝的根本原因，便是选择了天地人合一的聚落环境，一般都处于青山绿水之间，人与自然环境组合成诗意的栖居。而古村落的建筑类型也是根据不同情况，大抵选择了农耕型、商富型和文仕型的类型。在村落悠长的发展历史中，村民们晴耕雨读，靠天吃饭，以二十四节气安排农业生产与生活，地形地貌则直接联系着村落的环境，村落中的池塘、溪流等水体，为居民的日常生活提供方便，也改善着村落的小气候；而自然植被则与气候、地形、水体等要素相互影响、相互作用，形成了不同村落各具特色的自然景观。散布于各地的村落，有足够的能量抵御西方文明的冲击，即使在细节上有所吸收和变化，也是渐进而缓慢的。

▲ 1858 年，上海开埠不久，来上海洋行做生意的英国商人威廉·赫伯特·瓦彻，从山顶俯瞰细林山（今松江辰山）脚下的村落

▲ 20 世纪 20 年代上海龙华寺附近的村庄

村落的自然因素不可抗拒，但世世代代的村民通过辛勤劳作，也在改变着乡村的景观文化，民居民宅、宗教建筑通过一定的组合方式构成村落空间格局，多样的住宅组合形式丰富了村落景观，增强了村落空间的可识别性。水井、戏台及各种生活及生产设施，如石磨、独轮车、风箱等则点缀其间，构成了村落景观独有的富有乡村生活气息的画面。

从风格特征上来看，村落景观比之城市景观是截然不同的，更多是给人一种回归本原的质朴、恬静和安逸。村落中的一土

▲ 1924—1925 年，约翰 · 弗里曼镜头里的杭州桐庐依山傍水的美景

一石，一草一木，蜿蜒的道路，高低错落的墙体，随着时间的流逝，乡土材料的色彩、质感、纹理的特性，丰富且相对稳定。村落是一个地区所有自然环境和历史文脉的综合，包括气候地理、自然人文、农人的生活方式、行为活动等。村落景观是随自然而形成，扎根于不同的地域文化沃土中，乡土景观中建筑等物质形态，适应了当地的环境，它们既包括“物”的景观，又包括“事”的景观，通过人的主体上升，可分为自然乡土景观元素和人工乡土景观元素。

水入山塘便有情

——枕河人家

唐代诗人杜荀鹤《送人游吴》诗云：“君到姑苏见，人家尽枕河。古宫闲地少，水港小桥多。夜市卖菱藕，春船载绮罗。遥知未眠月，乡思在渔歌。”诗的大意是说，你到姑苏时将会看到，那儿的人家房屋都临河建造。姑苏城中屋宇相连，没有什么空地；即使在河汊子上，也架满了小桥。夜市上充斥着卖菱藕的声音，河中的船上，满

▲ 清末苏州山塘河畔远望虎丘

载着精美的丝织品。遥想远方的你，当月夜未眠之时，听到江上的渔歌声，定会触动你的思乡之情。别说那些与街河相依的民众，只就诗歌本身而言，读来就让人有一种恍如在水岸边徘徊游历的意境。

“君到姑苏见，人家尽枕河”道出了江南民众的日常生活情景。苏州水系发达，河湖密布，清代乾隆年间的名画《姑苏繁华图》，就展示了当时阊门至枫桥依水而建的十里长街万商云集的盛况。前门临街，后窗见河，许多居住在河岸边的人家，厨房间好像就搭在河上，下面有几根粗大的木头支撑着，从厨房开一扇小门，有石阶伸向河里，淘米洗菜十分方便。到了盛夏时节，卖红菱或西瓜的木船摇进山塘河，一边悠悠前行，一边叫卖：“卖红菱哉，又嫩又甜的水红菱”“沙瓤大西瓜，甜是甜得崃。”枕河人家听见叫卖声，就会打开后门或者打开后窗，放一只竹篮下去，与船上的小贩，达成交易……

“秦淮八艳”之一的董小宛，寓居苏州山塘街时曾赋诗：“温柔婉丽复冰清，水入山塘便有情。微雨凭君舟上望，小帘人影正盈盈。”诗句写得美艳至极，作者的真情实感怕是未必有流水一般清丽。相传董小宛与情种冒辟疆分分合合，颠沛流离。董小宛三回山塘，身心疲惫不堪，几次想投入水中，让一河清流洗涤迷惘的泪眼和出血的心灵。后来，她还是跟着冒辟疆去了如皋，但是只过了半年安逸日子。清兵南下，两人南逃，又过上了颠沛流离、食不果腹的痛苦生活，最后拖着一身重病辗转返乡，凄然病死在水绘园里。董小宛的悲情史，在此就不细说了。

“水港小桥多”则是诗人用写实般的白描手法营造出来的江南水乡美景。当过苏州刺史的白居易，下令凿河修路，葑土筑岸，间植“桃李莲荷数千株”。自此，七里山塘，起于阊门，终于虎丘。河道上横七竖八地分布着15座拱桥，人们从阊门到虎丘，不仅可以步行、骑马、坐轿，还可以乘船，非常方便。住在河岸边的水岸人家，则是充满了生活的烟火气。春夏秋冬，小巷中卖小吃的川流不息。吴侬软语的吆喝声，穿门进屋。小商小贩，肩挑手提：春卖糖粥，夏卖酒酿，秋卖炒白果，冬卖焐熟菱。禁不住诱惑，大人小孩笑眯眯赶来买吃。

小河中，船家会忙忙碌碌载着时令鲜货叫卖。春末夏初，满载东山枇杷、西山杨梅的农船悠悠荡来。枕河女主人吊一只竹篮下驳岸，同船娘钱物两易，满篮时鲜绳牵而上，让家人品尝。秋初，卖鲜藕、

▲ 晚清时期上海周边水乡的沿河民居

水红菱的小船穿行清波，淌着山河野味的黄天荡鸡头肉、阳澄湖大闸蟹，富人家尽食，穷人家也得省点小菜钱，让小孩尝尝鲜。生活中所有的美丽都是从流动中彰显出来。“夜市卖菱藕，春船载绮罗。”杜荀鹤很喜欢“夜市”和“春船”的组合，在古代，只有经济发达的城市才会有夜市，莲藕则更是当地最具特色的水产。水乡所有的生活，就像没有受到任何打扰的世外桃源一般，节时节日，月初月中，许多烧香船从小河驶来。挂着黄色香袋的农妇，从巷头小桥塊鱼贯上岸，进得庙门，一脸虔诚……

▲ 20 世纪 30 年代无锡古运河上的船只与岸边的民居

▲ 20 世纪 30 年代，苏州河道中的水边人家

▲ 20 世纪 40 年代，昆山周庄的沿河人家

姑苏的集市，源于春秋时期的吴国。《苏州市志》载，“吴市”是“春秋吴国最大的集市”。清《吴门表隐》云：“吴市在乐桥干将坊，即东市门，又东有尽市桥。西市坊，即西市门，又西则市曹桥，又有谷市桥、北小市桥。”清《南游记》述：“姑苏通三江，跨五湖而通海。阊门内外，居货山积，行人水流，列肆招牌，灿若云锦，语其繁华，都门不逮。”市场既列，有人便以技艺与货品谋生为业，于是街头叫卖与响器的使用随之出现。

明月当空的夜晚，月光洒满河旁屋檐下斑斑驳驳的窗户。依河靠窗数星星，静听“僧敲月下门”。枕河人家拥月而眠，这时候，真有点儿诗情画意呀。

第二章

日趋变化的古城镇空间

环太湖流域水网密布的平原地区，历史上依托便利的水运交通和富饶的农业、发达的手工业支撑起繁荣的商品经济，从而形成相互关联、密集度较高的江南市镇。

勤劳智慧的江南先民用他们的艰苦劳动，改善了水利条件，改进了粮食耕作技术，改良了粮食品种，从而在满足自用以外，还能向市场出售，京杭大运河以及太湖流域便捷的水网，为这一地区丰富的农产品转化为商品提供了良好的交通物流条件。江南的种桑、养蚕和缫丝、织绸成为农民主要的家庭手工业。丝织产品通过市场销售到全国，并出口到国外。从元代起，稻谷、丝绸、棉花这些大宗农产品大大推动了商品经济的发展，使得江南市镇的商品交易，在明清时期就奠定了强大的物质基础。

明清以来江南地区更趋于农业与手工业的结合，农户营生转向主要依赖于丝棉纺织品与其他手工制品，也开始有定期或不定期的“草市”，形成商业性聚落，一批市镇就逐渐脱颖而出，“草市—村市—集镇”的模式就慢慢形成了。江南各个市镇之间，也存在着既分工，又合作的互补状态。在丝绸、棉布这两大产品的中间环节，也形成各有特色的市镇分工。

一般情况下，“草市—村市—集镇”的发展过程。尽管是自发产生的，但官府也派驻县丞、巡检司之类的官吏入驻，主要负责治安与课税之类。江南地区得到官府明确“建制”的出现，那是民国时期才开始设立“镇”的机构。在此过程中，造就了一大批财富集中、人才荟萃的经济中心地，吸引四乡的人群向这里集聚，逐渐形成日趋庞大的市镇街市。巨大的经济活力，向人们呈现色彩斑斓的早期城市的魅力。

活跃的市场体系的形成，取决于以下三个要素：第一是必须有粮食丰产的基础；第二是有良好的交通条件；第三则是有以农产品为原料的手工业产品形成产业优势。这三个要素条件，江南均有很好的基础，它们形成了商品集散中心，以钱庄、典当为特色的金融中心以及手工业加工基地。不仅店肆林立，货物充盈，手工作坊也多，商品种类多、档次高，也就成为国内城市中最具商业价值的城市。及至清末至民国时期，上海开埠，后来居上，大城市又推动或者说引领着周边一些新的市镇的产生和发展。

▲ 20 世纪 30 年代，浙江东阳（今东阳市）县立第四高等小学大门前一侧的灵溪古桥

龙首龙尾骨节灵

——佳村龙韵

中国人的舞龙文化历史悠久，发源于两千多年前，是一种传统的中华民俗活动。在浙江金华磐安县玉山镇的佳村，流传着中国最古老的舞龙习俗与传说。佳村是个历尽沧桑的江南古村落，距今已有1 400多年的历史。这里原是周姓人氏的繁衍之地，隋唐时迁居于此，四周布满庵院。据玉山镇佳村九旬老人陈亨和先生说，可考的就有六庵四庙。兴盛时期，灵溪一带分为西周、东周、前周、后周等几个村，它们互为相接，盛极一时。

《玉峰周氏家谱》记载了清代文人周显岱作的《玉山竹枝词》，其中说到玉山舞龙：“上元灯火赛龙形，龙首龙尾骨节灵。年少女郎连袂出，看灯都集煮茶亭。”顺着故事的脉络，通过资料查考、实地探访，在磐安县玉山镇佳村找到了传说中的龙头、龙身和龙尾的象征之物。佳村多处地名均与“龙”相关，散发出浓郁的龙文化气息，每逢正月十五舞龙的习俗也一直流传了下来。

▲ 浙江磐安县乌石村，民居以千年不化的火山黑石垒成

▲ 磐安县玉山中学创办人张浩偕妻在山石前合影

▲ 磐安县百杖三叠瀑为罕见的冰臼瀑布，堪称“江南第一瀑”

中国人世代流传的舞龙风俗究竟是怎样起源的？各种名目的灯节不可能早于汉代，但“舞龙”风俗起源则要早得多，它是古人“祭天”风俗的遗留。民智未启之时，龙成为他们崇拜的神灵，对于靠天吃饭的民众来说，谷物是维持生命的根本，作为司雨之神的龙的重要性，也许超越了帝舜、契和后稷。因而这种想象出来的龙也就被当地先民奉为“吉物”，出现在各种庆典祭祀中。人们在此祭祀舞龙，幻想龙是司雨之神，以舞龙来祈求神龙，以保风调雨顺、五谷丰登。

以客观实在物为中心建构的民间传说，寄寓着民众对各类历史人物或历史事件的评价，是他们的历史观点和历史情感的重要载体，被称为“口传的历史”，其历史价值甚至可以填补历史记录的空白，纠正历史记录的谬误。

根据磐安当地民间传说，佳村当地有一座奇灵山，山下有一条名叫“灵溪”的大河。人们每天都用灵溪的水来浇灌稻田。传说神龙为解百姓干旱之苦，行云播雨，得罪了天庭，遭到玉皇大帝的责罚，被处以问斩。说来也怪，那些日子，金华（今浙江省金华市金东区）天天下红雨，更奇怪的是从天上落下一条被分割的巨龙身体，落到灵溪的岸边。后来，百姓知道后心情都十分沉痛，所以每逢正月十五便舞龙，希望巨龙的身躯能

▲ 雨中的磐安县玉山镇佳村之人文景观

重新接合，飞舞起来，这个习俗就一直流传至今。

灵溪是磐安县玉山镇的母亲河，全长20 000多米，穿越整个玉山镇，汇集多条支流后，在佳村的东西两头作了两次大角度拐折，最终汇至曹娥江。磐安县有一处灵溪院址（今百年老校玉山中学校址），寺院僧人振济法师写下《灵溪杂咏》诗传世，可以证实佳村作为这个舞龙发源地传说的旁证。

这与民间舞龙起源之地的传说高度吻合。此后不久，海峡对岸的台湾国语日报社出版了《中国民俗节日故事》丛书第一册《龙灯》，该书作者也认定起源地在浙江金华磐安玉山镇的灵溪。陈亨和老人几十年如一日，坚持不懈地收集当地与舞龙文化有关的民间传说与故事，居然有数十条的收获，如《神龙是赐主，神龙也威严》《龙尾横在下觉庵》《上天入地化龙坞》《佳村新安寺寻踪》《灵溪巨龙的传说和中华舞龙的发源史》《龙头左眼——西井的故事》等。

令人惊异的是，在佳村灵溪两岸，灵溪神龙的故事，都能在这块风水宝地上找到现实的对应。民间传说中的神龙被斩，龙头、龙身、龙尾都降落在灵溪两旁，已经成为巨大的化石，留下了不朽的地名与形体。龙首就降落在村中世称“龙头背”的地方，龙身降落在“化龙岩”，龙尾降落在“龙尾山”上，而且形象神似，与传说故事的情节惊人吻合，很是令人称奇。在佳村，纪念神龙古已有之。佳村有“龙王庙”“放生池”，特别是有一支当地淳朴民众自发形成的“龙灯源”板凳龙的队伍，演绎成将龙连接起来的凄美故事。后人曾经拍摄视频，谱写了《舞龙源之歌》，响彻国内外乐坛。

一朵慈云拥护深
——古寺青灯

江南古镇，文气而富庶，没有闹市的喧嚣，没有嘈杂的车流，也没有行色匆匆的行人，这里有书香气，有人情味，更有古寺青灯。以上海老城厢为例，它原先是一个香烟袅袅的古市镇，从北宋天圣元年（1023）在这里设置“上海务”，到1927年7月7日，南京国民政府颁布《特别市组织法》，宣布上海设立“特别市”，隶属于国民政府，任命黄郛为第一任市长，这是上海设市之始，也是全国第一批建市的城市之一。1930年5月20日，国民政府又颁布《市组织法》，规定取消“特别”而一律称“市”。“市”一律隶属于行政院，于是上海特别市改称上海市，沿用到后世。

民国时期的上海老城厢，实际上就是一个市镇的规模。这里庙宇众多，如方浜中路有广福寺、城隍庙，大东门有地藏庵、观音阁庙、公输子庙、龙王庙，丹凤路有雷祖殿、真武庙、灵山寺，半淞园路有老高昌庙、高昌庙、花神庙、老君庙，西林后路有白云观、女公会福堂，在福佑路有春申君庙、福佑路清真寺，薛家浜路有青龙禅寺、海神庙，金坛路有水仙宫，永泰路有宁海禅寺，保仁弄有观音阁庙，云居街有云居庙，小南门外有九华禅寺，沉

▲ 民国初年沪上老城厢净土庵外貌

香阁路有沉香阁，咸瓜街有古云台，紫霞路有小武当，董家渡路有大悲阁，沪军营路有先农坛……真是多得不可胜数。且看沉香阁，又名“慈云禅院”，坐落在上海市沉香阁路29号。

清人褚华《沪城备考》记载：“沉香阁（禅院）观音大士像，本海琼（今海南）水沉木所雕，像屈一足，坐，垂手加膝，首微侧，若凝思然，就香木之形势也。督漕潘允端自淮口得像归，建阁奉之。榜曰‘南海宝筏飞渡观音大士阁’。”晚清上海出版的《环球画报》连载《上海之建筑》中有沉香阁一图，图中配有文字说明：“沉香阁在北门外旧教场，明万历二十八年（1600），漕督潘允端建祀，不知何处浮来之沉香观音偶像。国朝康熙二十三年（1684），邑人曹垂璨重修。嘉庆六年（1801）巡道李廷敬、知县汤焘复建。十年，潘氏裔孙捐寺前余地，巡道锺奇、知县苏昌阿建前殿，十九年，僧振锡募建大殿。道光二十九年（1849），僧清如两厢楼。同治三年（1864），复募建鹤轩。寺中基地，计共七亩三分二厘。”此说沉香观音为不知何处飘来，与前说不同，也增加了沉香观音的神秘色彩。

▲ 江苏省现存五座无梁殿中建造最迟、制作最精的苏州开元寺无梁殿

顾炳权编《上海竹枝词》云：“沉香佛像祠观音，一朵慈云拥护深。每值旱灾祈必应，杨枝水洒作甘霖。”清末秦荣光《上海县竹枝词》云：“花朝十二赛花神，十九观音佛诞辰。约伴向沉香阁去，桃花肩小杏衫新。”这是两首描写清光绪年间上海老城厢沉香阁的竹枝词。

▲ 清末，江苏嘉定县（今上海市嘉定区）的寺庙

历史变迁中最容易保留下来的建筑物就是寺院庙宇。因为寺院总是教人“诸恶莫作，众善奉行”，庙里供奉的菩萨又能“消灾降福”，所以，庙宇一般不会被轻易毁坏，寿命便很长久。一

▲ 民国时期，位于浙江宁波市东的天童寺

般古镇上的古寺，数量较多，如财神庙、火神庙、药王庙等，结合民众实际生活，反映了城镇市民特有的生活史。古镇上的商贾特别期盼财运，于是便有了遍布古镇的财神庙；城镇屋宇毗连，人烟稠密，容易失火，故多建有火神庙；市镇人口众多，用水量很大，人们一般都用井水，民众盼望风调雨顺，故建有龙王庙也是应有之义。

“南朝四百八十寺，多少楼台烟雨中”。上海开埠以后，尤其是太平天国和小刀会起义之后，租界成为旅沪移民避难和栖息的场所，江南士绅为逃离战乱涌入上海。同时，近代化过程中的上海社会巨变、城市建设的开展为移民提供了充足的就业机会，吸引了各地的移民来到上海寻找生存机会。他们以行业或乡缘聚集在相近的空间内，并以共同的神祇作为信仰。在这种情况下，由移民建立的祠庙、寺院、道观也如雨后春笋在各处出现。这些祠庙、寺院、道观主要通过两种途径进入上海，一种是移民在进入上海的同时，将其家乡的奉祀

▲ 1906 年，上海龙华寺全景，正门前有广场和停车场

习惯带到这里；另一种则是外地的祠庙、寺观直接到上海挂单，建立下院、分院。这种植入过程的直接结果是上海城市在开埠以后形成了独特的祠庙、寺观的空间分布状况。

祖宗端坐在中堂
——祖宗祠堂

祠堂，又称“宗祠”，是汉族供奉先祖、供后人祭拜的地方，也是一个家族的标志。祠堂记录着家族的辉煌与过往，是家族的圣殿。作为汉族悠久的历史文化传统，具有很大的影响力，在中国的历史上绵延不绝。

家族祠堂的设立，最早是由宋代大儒朱熹提倡的。朱熹设立《家礼》，立祠堂之制，从此称家庙为祠堂。自从宋代朱熹提倡每个家族建立一个奉祀高、曾、祖、祢四世神主的祠堂四龛。家族祠堂就体现了封建宗法制下家国一体的特征，也是凝聚民族力量的场所。祠堂往往是城乡中有一定规模，且比较宏伟的建筑群体。有的不仅巍峨壮

▲ 埋葬辛亥革命烈士遗骸的浙江忠烈祠

▲ 1933 年，适逢徐光启逝世 300 周年，上海举行了隆重的纪念活动。图为徐文定公祠的匾额内容

▲ 杭州女革命家秋瑾祠，图为老明信片“秋祠风雨”

观，还常常与古城镇的其他构筑物，例如与古塔、古桥、古庙等交相辉映。

祠堂一般有堂号和堂联，是中国家族文化中一种慎终追远、弘扬祖德、敦宗睦族的符号标志，也是祖先崇拜的体现，具有浓厚的宗亲色彩与精神纽带作用。如1901年11月7日，李鸿章病逝后，朝廷谕旨“在原籍及立功省份著专祠”。次年，江苏巡抚恩寿在苏州利用太平天国战火中焚毁的白公祠废址，建李鸿章祠堂，俗称“李公祠”，祠后有园，名靖园，又叫塔影园。李公祠大门朝南，面向山塘街，沿河为八字形码头，大门前一段街面铺设大石板，与虎丘山门前的街面相仿佛。大门两翼为八字墙，立有青石狮一对。大门东侧有边门，上有砖额题刻。祠内有门厅、前殿、享堂三进，两侧庑廊。门厅曾屹立高大的“谕旨”碑。

常熟望族大都有宗庙、宗祠，祭祀活动大都在自家的宗祠、宗庙内进行。翁氏祠堂原在虞山石梅，太平军于清咸丰十年八月初二（1860年9月16日）占领常熟城，翁氏祠堂被毁。同治二年（1863）

七月初七，翁同龢在日记中记：“得荣侄六月廿五日通州书，言曾渡江至家一看，敝庐有兵驻扎，仅留屋架，各处先茔石土小有缺损，封树尽被砍伐，坟丁皆逃亡矣，石梅祠一片瓦砾，念此情形，不知何日得归邱陇，痛哉。”12年后，即同治十一年六月二十二日（1872年7月26日），翁同龢与兄翁同爵扶母亲灵柩回到了家乡常熟，在安葬母亲灵柩的同时就“议建祠事”。最终修建了翁氏祠堂，修成后，翁同龢亲自书写匾额“敬书石梅先祠”，安排祖先牌位。

四时八节，家人、族人都要对着神龛、神主举行祭祀。传统社会反映族人祭祖的竹枝词连篇累牍。陈祈《清风泾竹枝词》有一首写除夕祭祀挂先人像：“厌岁辞年总世情，中堂供影荐香粳”，写的是上供；涂宁舒《竹枝词》：“元旦声传爆竹声，一家人尽出天行。拜年约上祖坟去，处处香烟散晓晴”，写的是新年上坟；钱梦峰《绍兴新年竹枝词》：“高曾像供值年房，拜像兼来拜岁忙。携烛入门人不见，祖宗端坐在中堂”，写的是元日祭祖；另一首则写祭祀活动结束后有猪肉分给各家：“元旦祠堂有胙分，儿孙兴祭聚纷纷。醉归各领花猪肉，家长猪头四五斤。”

▲ 19 世纪 70 年代，宁波的宗祠——沙家祠堂

▲ 普通百姓的家祠

祠堂既然是祖宗神灵聚居的地方，每逢春秋祭祀，全族聚会，齐聚祠堂，由族长或宗子主持作礼设祭。清明扫墓，先到祠堂祭神主，然后分别至各房各家的墓地祭扫。祠堂又是珍藏宗谱、撰修宗谱之圣地。宗谱是一种通过论、志、图表等形式将宗族的血缘亲疏辈分、家规、家法、祖训和谱记载下来，为本族宗亲们提供可参照的特殊史籍。

在无锡惠山脚下不足0.3平方千米的土地上，历史上曾出现过157座祠堂，保存至今的祠堂仍有百余座，连遗址在内多达118座。这百余座祠堂，初成于唐，继于宋，兴于明，盛于清，延续至民国，时间跨度长达1 200余年。就祠堂类型看，既有官方设立的公祠，也有民间建造的宗祠、家庙；既有官民共建的神祠、名贤祠，也有宗族、家庭设立的宗祠、先贤祠；既有民族共祀的英烈祠，也有家族标榜的节妇烈女祠；从建筑类型看，既有庭院式的园林祠，也有兼具家塾功能的祠塾、书院祠和举行行业活动的会馆祠，除了祭祀功能之外，还兼具家族议事、园林休闲、读书会友、会馆活动等多种功能。

江南祠堂，鳞次栉比，蔚为大观，祠堂文化赋予了诸多古镇独特的人文景观，又因为祠堂蕴含的深厚文化而使之成为中华民族“根文化”的载体。

甫里书院育菁英

——书院菁英

古代书院是由学者私人创建或主持的一种教育组织和学术研究机构，始于唐，盛于宋，沿袭至元、明、清，在中国封建社会存在了1 000多年。“书院”名称最早出现在唐代，起初是官方修书、校书和藏书的场所。唐开元六年（718），乾元院被改为丽正修书院，“书院”二字遂出现于史籍中。开元十三年（725），丽正修书院更名为集贤殿书院，书院主管人员的职责是“掌刊辑古今之经籍，以辨明邦国之大典，而备顾问应对”，兼做皇帝的侍读，“以质史籍疑义”。此外，唐代有些私人读书讲学之所，也称为“书院”。

到宋初，书院流行与兴盛起来，宋代著名的书院很多，这些书院一般是由私人隐居读书发展为置田建屋，聚书收徒，从事讲学活动。由于书院所选地点多在山林僻静处，所以书院负责人亦即现代意义上的“院长”均被称为“山长”，直至清末废除科举之后，书院改称学校，山长的称呼才被废止。

▲ 了解中国近代科学的发展，离不开李善兰其人。图为 1871 年在书院门前与其学生合影

书院三大功能是祭祀、讲学和藏书。历史上的书院有分科制度、分斋教学制度、课程规定、考课制度等一套教学管理制度；书院藏书来源于皇帝赐书、私人捐赠、书院购置、书院自己刊刻书籍，藏书特色主要与教学和学术研究有关，并制定一整套收藏、借阅制度；书院定期祭祀先圣孔子、与本书院有关的先儒贤以及主宰功名的文昌星和奎星等。

江南自晚唐文学家陆龟蒙隐居甫里（今苏州甪直）以来，兴文崇教，好学成风，尤其是元代的陆德原创建甫里书院之后，“文风蔚起，科第联绵，爰称东南，文薮不减州邑名邦”。甫里书院声名鹊起，与京兆之鲁斋书院、宣府之景贤书院、松江之石洞书院、常州之龟山书院、曲阜之洙泗书院、郿县之横渠书院、湖州之安定书院、苏州之文正书院等，同为元代一批著名书院。甫里书院的创办，为甪直的教育奠定了扎实的基础，也极大地推动了苏南地区文脉的传承。“甫里书院育菁英”，清康熙间的江苏巡抚汤斌有云：“府东巨镇，首推六直，一名甫里。”

率先向中国传统教育领域发起冲击并成为中国自办新式教育样板

的，是西方传教士在上海创办学校的活动。1879年，上海圣约翰大学创建，起初名称就是为了适应中国传统书院的名称，称为“圣约翰书院”，由美国圣公会上海主教施约瑟将原来的两所圣公会学校培雅书院和度恩书院合并而成，是中国近代最著名的大学之一，也是在华办学时间最长的一所教会学校。办学初期设西学、国学和神学三门，用官话和上海方言授课。1881年，学校的英语老师卜舫济牧师开始完全用英语授课，这是中国首座破天荒地全英语授课的学校。1886年，年轻的卜舫济出任校长，在任时间长达52年，对圣约翰的发展做出了很大的贡献。

▲ 1874 年，在上海设立的格致书院，今格致中学校址处

▲ 1888 年，南京汇文书院创立。图为晚清汇文书院的大门

▲ 汇文书院顺应新式教育的潮流，学生在生物课上使用显微镜观察情景

近代上海、苏州的中西书院，南京、北京的汇文书院，福州的鹤龄书院，以及广州的格致书院等最为有名。教会书院以服务传教为主要目的，但它对促进中西文化交流，尤其是将西方近代科学技术知识传入中国做出了积极贡献。同治年间，又出现了中国知识分子与传教士合办的不以传教为目的的书院，如傅兰雅和徐寿创建的上海格致书院，就以融通中西、介绍西方科学技术为宗旨，开创了古老的书院融合“新学”的风气，这些书院后来都成为中国名牌大学的滥觞。

作为近代中国新式教育的先驱和输入西方科学文化的媒介，

▲ 创建于 1879 年的上海圣约翰书院

教会学校的积极作用至少在以下四个方面得以充分显示：一、在教学内容上彻底突破了旧式教育专讲四书五经的狭隘范围，除传授宗教神学外，凡史地理化等各门近代社会科学和自然科学知识均得引入，极大地拓宽了学生们的知识面；二、在教学方法上完全打破了旧式教育只管死记硬背且轻视实践的僵硬模式，除按学生知识程度高低分别使用教材外，一般普遍重视相关的科学实验；三、在教学对象上首次冲破了旧式教育对于妇女的封建禁锢，创办了为数可观的女子学堂或女子学校；四、培养出一大批具有一定科学知识并完全不同于旧式文人的新型知识分子，其中相当一部分人后来都成为创办中国新式教育的骨干。此外，教会学校在中国近代体育教育、生理卫生教育、艺术教育和中西文化交流等方面，也多有发轫和促进作用。

▲ 杭州西湖边的文澜阁牌坊，上面有“光华复旦”四字

千载芳名峰泖花

——牌坊牌楼

西方人对于为社会为民族做出杰出贡献或获得巨大成就者，大抵会竖立一个铜像，以资尊重和纪念，我们东方人则是竖个牌坊。牌坊，民众俗称“牌楼”，作为中华文化的一个象征，也是源远流长。人们一般将牌坊称为“纪念性建筑物”。其功能主要是标识、纪念、装饰、旌表和空间分界。当然，就具体的牌坊而言，不会同时都具有这些功能，能够达到一两种对于事主来说也是巨大的殊荣。

《诗·陈风·衡门》：“衡门之下，可以栖迟。”所谓“衡门”就是以两根柱子架一根横梁的建筑结构。牌坊与牌楼的显著区别，就在于牌楼有屋顶，它更能烘托气氛。但是由于它们都是我国古代用于表彰、纪念、装饰、标识和导向的一种建筑物，而且又多建于宫苑、寺观、陵墓、祠堂、衙署和街道路口等地方，再加上长期以来民众对“坊”“楼”的概念含混不清，所以到最后两者成为一个互通的称谓了。

从建筑样式和风格上看，牌坊大体分南、北两大派。南派牌坊秀

清末苏州瑞光塔前的旌表牌坊。不知这位男子何故要爬到牌坊上

丽精巧，尤其是徽式、苏式牌楼，高挑的檐角很是秀气；而北派牌坊则受京城皇族影响，大多为宫廷建筑，显得厚重得多；如果按材质分，牌坊分为四大类：石坊、砖坊、木坊、水泥坊；如果按名称分，有功德牌坊、忠正牌坊、功名牌坊、官宦名门牌坊、孝子牌坊、贞节牌坊、仁义慈善牌坊、百岁寿庆牌坊、历史纪念牌坊、学宫书院牌坊、文庙武庙牌坊、衙署府第牌坊、地名牌坊、会馆商肆牌坊、陵墓祠庙牌坊、寺庙牌坊、名胜古迹牌坊等。这些牌坊主要起着褒奖教育、炫耀标榜、纪念追思、风俗展示、装饰美化、标识引导等作用。

▲ 20 世纪 30 年代，徐州云龙山的一座牌坊

以苏州的牌坊为例，从七里山塘到虎丘，一路上一共有多少座石牌坊？可能很多人没数过。《桐桥倚棹录》的作者顾禄数过，他记有54座，多为节孝坊，那么多石牌坊杵在路边，看看也是有点让人头晕目眩。石头是冰冷的，没有温度，可是它作为某一时期、某一个人的历史见证，为人们提供了仿效和研究的参照，其集雕刻、绘画、匾联文辞、书法等多种艺术于一身，融入了古人所推崇的道德和生活理念。

▲ 20 世纪 30 年代，苏州运河边码头牌楼及古建筑

别以为牌坊只是起着一个点缀装饰的作用，其实每一座牌坊都流传着生动的故事，蕴含着丰富的文化内涵和象征意义；而这些内涵和象征，又主要是通过牌坊上雕刻彩绘的各种图案花纹，用隐喻手法表现出来的。例如浙江省金华市浦江县郑宅镇，是中国古代家族文化的重要遗址。自北宋崇和元年（1118）至明天顺三年（1459），郑氏家族在此合族同居历时340余年，被称作“廉俭孝义第一家”。这个“江南第一家”最具代表性的就是“牌坊群”，9座牌坊相隔不远，依次矗立在古镇前。9座牌坊分别

写着“江南第一家”“孝义门”“三朝旌表”“有序”“恩德”“麟凤”“取义成仁”“礼部尚书”“九世同居”，展示出郑氏9世同居的深远文化内涵与历史信息。再如上海闵行区原泰安旅社的一座牌坊，系明代所建的“节孝坊”，枋梁均浮雕纹饰，立柱均阴刻文字。两侧枋梁以瑞兽珍禽、吉祥图案装饰。正面中间双柱楷书刻联为：“乾坤正气留闺范，日月恩光耀德辉”，两侧楹联“千载芳名峰泖花，一生苦节雪霜寒”，为带篆隶书。该联中的“峰泖”和“雪霜”均为自然界之物，以名词对名词；“花”与“华”古代通用，“华”与“寒”均为形容词，对仗工整规范。而朗读时，把“峰泖花”读为谐音的“风貌华”，既求对联制作的完美，又表达了不同的语义，一语双关又妙趣横生。

牌坊作为一种物质形态的实体，从一个侧面形象地展示了我国古代的封建礼制和传统道德观念。例如在我国不少地方过去都立有“贞节牌坊”“烈女牌坊”和“孝子牌坊”。据清人金友理《太湖备考·坊表》所记，过去仅苏州一带被颂为“节妇烈女”的计有1 743人，其中107人被“钦赐旌表”，在太湖东山上立有岩石牌坊。封建统治阶级把他们作为恪守封建礼教和传统道德观念的典范而立牌坊加以表彰。遍

▲ 1939 年，常州城内的牌坊

布江南各地的牌坊，目前继续发挥着景点装饰和纪念性的作用，并被赋予了新的思想文化内涵，仍为人们所赞赏。

元宵演剧到春残
——水乡戏台

1922年，鲁迅在《社戏》中写道：“无意之中看到一本日本文的书，可惜忘记了书名和著者，总之是关于中国戏的。其中有一篇，大意仿佛说，中国戏是大敲，大叫，大跳，使看客头昏脑眩，很不适于剧场，但若在野外散漫的所在，远远的看起来，也自有他的风致。”鲁迅以优美抒情的笔调追述少年时代与小伙伴撑船去看社戏的美好回忆，一派诗情画意，引人入胜，更激起了人们对江南社戏的眷恋和怀念。

▲ 晚清一群官员看戏，戏台下前方位置上还有几个洋人

▲ 晚清江南的古戏台，戏台下挤满了看戏的人

古代的乡村，男耕女织的小农生产方式，生产力极其低下，人们除了面对各种难以抵抗的贫病、疾患、灾异、时疫、死亡，更有天灾人祸时常侵袭，人们也只有祈望通过祭拜鬼神、亡灵等巫觋活动来求个心安。因此，因天时与农事交织而成的各种节令，村落里社之间各种名目的祭祀活动，几乎月月都有，如社日就是古代祭祀社神即土地神的日子，古无定日，先秦、汉、魏、晋各代择日不同。自宋代起，以立春后第五个戊日为社日，汉以后开始又增设秋社。社日是民间历史最悠久、最流行、最盛大的节日，就是所谓“娱神”，让“神灵”“祖宗”高兴。神灵高兴了，就会赐予人间平安。所以，民间祭祀不外乎两大内容：其一是呈献供品，其二则是献演歌舞。

要向神灵献演歌舞，就离不开戏台，又叫“戏楼”，它是专供演戏使用的构筑物，几乎每个古镇都有古戏台。经千年风雨、历百年沧桑，戏台是古镇当地四乡八邻公共娱乐的一个大舞台。古戏台历经岁月更替，天灾人祸，湮没无闻的是大多数，但也有不少古戏台还是躲过了各种劫难，幸运地保存下来。它们与当地民众各种民俗活动结合起来，献演包括祭词、祭诗、歌唱、舞蹈、绘画和表演等，与神鬼同乐，祈求神灵祖先赐福于人。这就是《尚书·尧典》所记载的“神人以和”，即娱神的同时也娱人。

从戏台演化的历史来看，最初的演出是没有台的，戏台大约出现在宋元之际，农村的神庙戏台显然要大大早于城市营业性戏台的出现。戏台上的演出，往往与各种民俗礼仪活动相重合，各地的戏台有不同的类型，譬如，有乡间祭神祀祖的“神庙戏台”；有士大夫园林自适、放纵声色的亭台池阁，名之曰“雅集戏台”；有市井间供消闲用的舞楼乐棚、勾栏瓦舍、戏庄茶园等所谓“城市戏台”；更有气势煊赫、神鬼杂出的“宫廷戏台”。这些形态各异的戏台，构成了传统戏曲色彩斑斓的演出空间，也形成了中国人独特的戏剧观演场所，即戏曲剧场。

传统的中国戏曲及其观众，从来不像西方人那样，从容地坐在剧场里看戏。江南的古戏台一般与家族宗祠建在一起，祠堂一般为三进两明堂，也就是前进门厅、中进享堂、后进寝堂。相隔天井两边为廊庑，戏台就大抵建在门厅里。一些豪门大族和有钱的主，就将前进廊庑建成观戏楼，类同于后人所说的包厢。戏

▲ 1939年，扬州一座漂亮的戏台子，台上两位演员在表演扬州弹词

▲ 民国时期，市井民众围着戏台看戏，乃日常消遣

▲ 东汉时期任县尉的蒋子文，死后被南京人祀庙供奉，立蒋王庙。20世纪20年代，蒋王庙会戏台前市井云集

台的做工都是极讲究的，好在江南不缺砖雕、木雕和石雕的能工巧匠。戏台台面梁架、额枋、月梁、平盘斗、雀替，无不雕刻着各种人物戏文、花鸟图案。两侧看台长廊是由石柱或木柱擎起的，观戏楼饰以精巧的木雕花板及花鸟虫鱼油漆彩画，整个戏台意蕴丰富，构架完美，使人感到优美恬静。

例如绍兴古戏台主要有五种类型：庙台、祠堂台、草台、河台、街台。河台是绍兴最具特色的戏台，或傍岸，或倚桥，挑角伸展，古朴绮丽，形成了绍兴特有的“水乡舞台”。临河而建的格局，既方便了戏班班船的直接停靠，又给观众创造了既可以站在河岸上，也可以摇着船在河里观看社戏演出的条件。

清代浙江宁海诗人王梦赉撰竹枝词：“元宵演剧到春残，乘兴何妨日日看。共道经年辛苦甚，三时工作一时欢。”在江南乡村集镇看戏，悠远的古村落、静谧的旷野、狭长幽深的巷道，连同那典雅古朴的古戏台和当地敦厚纯朴的民风，置身那样一种喧闹的氛围，那样一种让人忘情的场景，你的心再也不会静如止水，你会为之热情奔放，为之振臂喝彩，甚而合节击奏，随之狂舞，通宵达旦——这就是古戏台的独特魅力。

堂屋高昂天井小

——古街天井

晚清词人叶调元写有“华居陋室密如林，十家阳宅九家阴”的竹枝词，作者注道：“堂屋太高，楼不可住；天井太小，阴暗多蚊。筑室之坏，莫如此地。”他对城镇民居之拥挤是提出批评的。他认为民居环境，必须由官府来规划和实施，否则任由民间自由发展，必然造成环境失控，这是历史的教训。但细读叶氏这首竹枝词，你又会感觉，在一些古街上的民居，即使富裕豪横的家庭，其天井设计都不是很大，这当然与土地金贵不无关系。

因为可用土地较少，房屋的布局也就很是紧凑，后果是村巷中的道路、空间也就显得很狭窄，人车经过时极为不便。为了应对这种困境，善良的人家就会主动将自家房屋的一个屋角抹去一部分，以便村民在拐弯时通行。江南地区一直流传这样一句俗话：“上不让天，下不让地，中间让出是和气。”体现在房屋营造中的“拐弯抹角”，实是体现了邻里之间的互相关照与互相谦让，精神可嘉。

▲ 20 世纪 30 年代，江南古镇，一般都是青石板路，幽长而通向远方

宅院中房与房之间或房与围墙之间所围成的露天空地，叫“天井”，亦称“天空之井”。江南湿热多雨，尤其梅雨季节，用于采光、通风、隔热、防潮、排水的天井必不可少。这个天井，尽管也是四面围合，但却是高而深的室内露天小空地，有长方形的，也有圆形的，宽窄各异。大户人家动辄要布置10多个天井，即使蜗居之家也有小小的“蟹眼天井”，营造炎热下的一点清凉和诗意，体会一下雨打芭蕉或竹影笛韵的意境。

▲ 20 世纪 40 年代，杭州西溪茶市街的景象，一条青石板铺成的道路，酱园旁站着几个身着棉袍的人，正闲散地晒太阳

天井是不是越大越好呢，不是，有一种“一颗印”式的民居院落，天井面积弄得比居室的尺度还大，人处其间，空空荡荡，也不是一个好的选择。家家有个小天井，就好比家家藏了一方小宇宙，方寸天地，别有洞天，庭院深深、高墙重重，也没有失去与上天沟通的机会；沐霞临风，观星望月，体现了古人天人合一的思想与慎独隐逸的处世心态；更可以让足不出户的大家闺秀和妇孺童子，即使在家里也能感受到大自然的阴晴雨雪，气象万千。

天井的大小不同，形状各异，共同点是四周向内倾斜的坡顶，将雨水收纳进自家院里。天井的核心作用体现在适应江南气候特点、满足生活需求、气候调节和通风采光，以及文化

▲ 德国女摄影家赫达 · 莫里逊于 1933 年拍摄的南京街巷

象征等多个维度。春夏时节，阴雨霏霏，天井承接天上来水，天井使天降的雨露与财气聚拢，源源不断地流入自己的家中，俗称“四水归堂”，不让“财富”白白流走，部分雨水贮存在大缸内，还可以养鱼浇花。

乾隆年间扬州耆宿、阮元的舅舅林苏门，在《邗江三百吟》第三卷《俗尚通行》中，有一首题为《青石板天井》的竹枝词：“来往原无井，当阶石板填。画时宫称亩，凿处地规天。大块平皆合，空青断总连。何人常露坐？风月两悠然。”作者特地自注：“天井用青石板铺之，较胜于用砖之生苔聚蚊矣。”这大概与扬州湿润多雨的气候有关，砖面被水淋湿，容易滋生青苔，腻滑难行，且砖缝中容易孳生蚊子，故砖铺地弊多利少。用青石板则不同，青石板不吸水，大雨过后，很快干透，行走如常。林氏所言，很有道理。有钱人家财大气粗，天井用材考究，小民百姓经济拮据，也只能青砖铺地了。

天井也是寻常百姓的生活空间，通常是操持家务、晾晒衣物，饲养家禽、副业生产、儿童嬉戏、休憩纳凉的场所。春天，万物复苏，破土而出的绿色冲破了严寒，岁月新的轮回滋养着人们慵懒的心；夏天，烈日炎炎，劳累了一天，晚上天井内放一张餐桌，靠着小竹椅，喝喝小老酒，快活似神仙。乘风凉时，躺在竹榻上，跟孩子们一起侃神鬼故事，“卧看牵牛织女星”；秋天，萧萧瑟瑟，枯黄的树叶飘落人间，收获的季节让耕耘更值得；冬天，户外寒风凛冽，躲在家中便

▲ 1919 年一处老宅客厅天井里，有两位外国人坐在桌旁，准备就餐，边上是几个孩子在观看

▲ 图为南京高淳老街，临官溪河而筑，呈“一”字形构筑，又称“一字街”

是最好的选择，老人们坐在长窗前晒太阳……逢年过节，天井更是热闹，中秋祭月祈团圆，过年放鞭炮接财神，都在天井中进行。人们认为，天井里做的事，老天爷听得到、看得见，天井是人与自然对话的窗口。日子一天天过去，不变的是天井里的生活，老宅因有了天井而悠远绵长、生机盎然，天井因依偎在老宅怀抱而意犹未尽、千古流芳。

流水小桥江路景

——小桥流水

对于古镇的文化传承来说，水网纵横，小桥流水人家，桥是江南极其重要的文化元素和最具特色的人文景观之一。桥的历史与人类历史几乎同时起步，《竹书纪年》一书将大禹列为创始桥梁的先驱，那是用无数溪石在浅滩溪涧排下一个一个石磴，像是一只只鼋鼍伏在水中搭成了供人步涉的桥。在苏州市的姑苏区，一区范围之内，就有市政桥梁734座，个性化的名称很有地域特色。大气磅礴如“干将桥”，寓意美好祈愿如“吉利桥”“寿星桥”，还有充满浪漫气息的“乌鹊桥”等，名称引人入胜、耐人寻味。当然，更有许多还不知名的无名桥，有待进一步进行命名和标识。

上海同样具有丰富的水系，有数不清的小桥流水，明清时期的上海县，平均不到200米的河段上就有一座桥，有的间距近百米内就有一座桥，水乡桥盛，名不虚传。苏南元宵节民俗中有“走三桥”之俗，正是

▲ 1860 年，江南的小桥流水风光

▲ 1900 年，上海周边嘉定通向松江的一条河流上的石桥

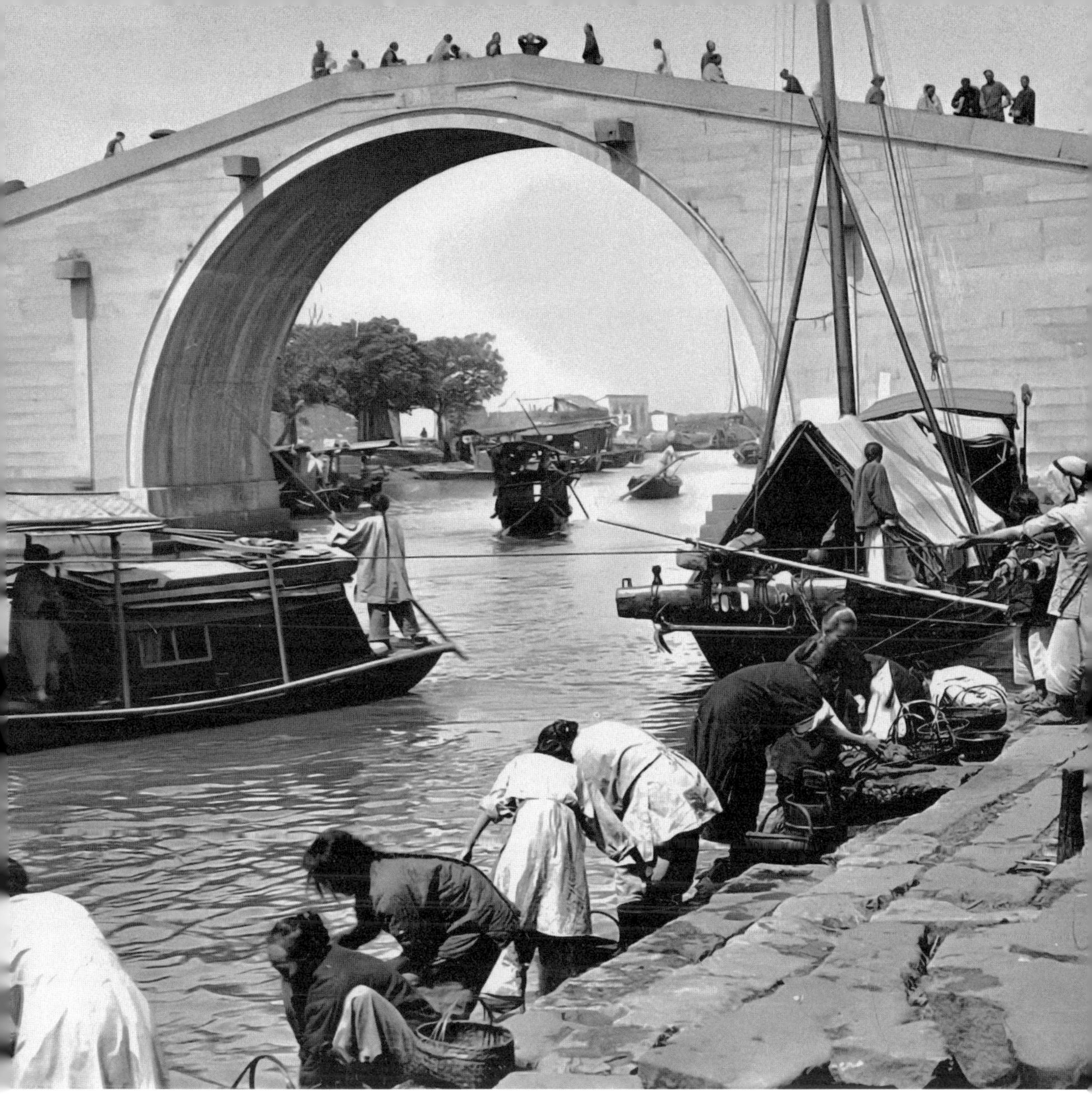

▲ 清末苏州运河与吴门桥畔，许多妇女在河里洗涤

建立在小桥资源丰厚的基础上的，因此元宵节“走三桥”才会成为苏南浙北一大景观。清末民初，随着上海城市化的进程加快，城厢内外填浜筑路盛行，三桥也不能随便走得到了。元宵“走三桥”的习俗，失去了物质基础，也就在人们的记忆中逐渐淡化，以至于趋于消失。

然而，上海的古桥卧波，还是很有特点的，如松江区横跨古浦塘的跨塘桥，为三孔拱形大石桥，历经岁月沧桑，桥额上仍能看见清同治年间所刻“云间第一桥”字样，在桥柱上镌有“南无阿弥陀佛”之句，以祝经过桥下的船只平安顺利；嘉定南翔古镇的“八字桥”，由隆兴桥、太平桥和吉利桥三座古石桥组成，因两两相交形似“八”字，俗称“八字桥”，因口彩好，是当地人元宵节“走三桥”的首选；太湖之畔，古运河的东面，有一个四面临水、五湖环抱，如同人间仙境的地方，那就是被誉为“小桥流水人家”的同里。同里的布局也是因水而建，因水成街，沿着河水的两岸，曲径通幽，桥路相通；同里人对“三桥”情有独钟，有“走三桥”的习俗，每当喜庆和女儿出嫁的时候，他们抬着火红的花轿，穿着火红的衣裳，吹吹打打走在三桥上，祝福新人：走过太平桥，一生太太平平；走过吉利桥，永远大吉大利；走过长庆桥，世代长生喜庆。

▲ 1930 年，上海周边河流上架着的方形桥梁，桥下一个小伙子在撑船

到了青浦金泽古镇，这里集中了宋、元、明、清四朝的古桥，因而金泽也有“古桥博物馆”和“江南桥乡”的美誉，金泽的迎祥桥，始建于元至元年间（1264—1294），是一座青砖、水磨方砖、楠木、青石混合结构的五跨连续简支梁架式桥，被称为“中国连续简支梁桥的鼻祖”。迎祥桥的桥身很有特点，桥面上不仅没有设置台阶，连两边护栏也没有。据说是因为元代骑兵，时常要骑马过桥，所以才不设护栏，但桥面上每隔一步就有一微微凸起的石块，起到了防止打滑的作用。这座迎祥桥宛若一条随风飘动的彩缎，毗邻沪苏两地，静卧于元荡湖上。

▲ 1930 年，石拱桥下的船夫

苏州吴江被称为“水美人”，当地人说：“水是古镇俊俏的眼波，古桥便是水乡精致的‘耳环’。”社会学家费孝通先生也曾说：“水是生命之源，桥是文化的摇篮，吴江水多，桥多，是典型的水乡泽国，桥的王国。”在这里，水有多少，桥也有多少。据清康熙《吴江县志》记载，当时桥梁即“以数千计”。1935年

统计，共有唐代至民国的桥梁1 194座。桥的结构大致分梁式桥和拱形桥两大类，并有单孔、多孔之分。这些建于不同时代的古石桥，有的恢宏伟岸，有的娇小玲珑，有的九曲蜿蜒，有的平坦舒直，或飞越于河港，横跨于街面；或盘旋于要津，点缀于园林……一座座小桥，既是我国古代人民智慧的结晶，又为风光秀丽的吴江增添了迷人的色彩。

古镇有水而灵，水得桥而活，桥因水而顺。点缀在各个古镇街市的一座座古桥，生在水上，或古典，似唐诗一样凝练含蓄；或雅致，如宋词一般委婉细腻；或秀丽，像元曲一样清澈悠扬；或单纯，却有话本一样的丰富生动，给江南水乡增添了无限的生动和绵延的韵味。

宋代诗人黄庚《田家》诗云："流水小桥江路景，疏篱矮屋野人家。田园空阔无桃李，一段春光属菜花。"小桥流水人家，构成了江南人家绝妙的图画。

一夜潮回葭沚船
——葭沚渔镇

到江南古镇去旅行，一定要看看各地的老街和商铺，不仅是因为它保留了多少古镇的韵味，更在于老街上的铺子还保留着质朴、随和、亲切恬淡的宁静，尽享与世隔绝般的安详。

浙江台州椒江有条"葭沚老街"，椒江区是台州市的主城区，也是台州市人民政府治所，旧称"海门"，后来因与江苏海门县（今南通市海门区）同名而改称椒江，以贯穿全市的椒江得名。古代葭沚一定是一块绿洲，滨江临海，芦苇丛生，"蒹葭苍苍"。"葭沚"两字怎么读？有人以为读"xiá zhǐ"，其实应该读"jiā zhǐ"。蒹（jiān）是没长穗的芦苇，葭（jiā）是初生的芦苇，"苍苍"则是很茂盛的样子；至于"沚"，《说文》上说"小渚曰沚"，是水中的小块陆地。葭沚镇古称"贾子"，也叫"家子"，至于"贾子"的来由，已无从考证，只能依据地方志和民间传说。

许多历史事迹，完全靠正史记载是很困难的，地方志书和民间传说，可以丰富与佐证乃至还原历史记载不足的缺憾。椒江，位于台州湾入海处。葭沚老街，既是台州历史变迁的见证地，也是渔镇街市文化记忆的承载地。唐宋时期，葭沚成村，因其滨江临海，宋代“商渔乐业，井里熙熙”，商业渔业都很兴旺，由此得名“贾子”。“贾”是一个多音字，与商结合，一般都读“gǔ”，似乎与“葭沚”相去甚远，但也不能排除温台方言将“贾”字读成“jiǎ”的可能。

▲ 19 世纪宁波江景

▲ 1870 年，东海之滨慈城的骢马桥

台州椒江，明代中央朝廷曾置“海门卫”，应该是与上海金山卫同样级别的军事设防要地。清末民初，随着五口通商，海门借助较早开埠建镇的优势，迅速发展航运业，也成为台州最早得风气之地。全民族抗日战争初期，日军封锁中国沿海港口，海门港成为联系上海的一条通道，将大米、小麦等主副食品源源不断地运往上海。由此，海门迅速崛起，成为台州的“小上海”，一时传为佳话。

近代台州地方学者项士元撰《海门镇志》，撰有“葭沚渡”条，他考证了“葭沚”名称的由来，特地提到了南宋皇帝宋高宗赵构与“葭沚”的关系：（帝）“达北岸章安。按：葭沚，亦作‘家子’。因宋高宗南渡经此，有此称，故名。”在封建皇权统治的社会，皇帝讲话就是金口玉言，他将“葭沚”说成“家子”，当地人有什么好说的呢。

还有一则流传甚广的民间传说，可以印证项士元的考证：南宋时，宋高宗赵构一行为逃避金兵的追杀，从章安渡椒江往南逃。椒江的渔民搭救了他，赵构上了船，一路上与撑船的渔夫相谈甚欢。停靠葭沚埠时，赵构问船夫：“你家在哪里？”船夫回答说：“家子在这里。”这句话是老实巴交的渔民的自称呢，还是一时语塞而答非所问，现在也不得而知。只是宋高宗赵构听后，误以为渔船靠岸的地方叫“家子”，就称此地为“家子”。后人据此相沿不绝，流传了下来。

清代朱邺华一首《椒江竹枝词》：“一夜潮回葭沚船，花蚶白蟹不论钱”，道尽台州湾的渔镇文化。“送大暑船”是椒江先民世代相传的传统习俗，椒江的多个地方如葭沚、栅浦、东门岭等地，均有“送大暑船”的习俗，其中葭沚最盛，因而这里的大暑船也更加高

▲ 民国初期，东海海边渔镇一户以打鱼为生的人家，精神状态非常好

▲ 1917 年，东海上的木船

▲ 台州椒江葭沚渔镇老街的地标性建筑——文昌阁在修复中

大、漂亮。活动还影响到周边地区，温岭、宁波、温州等地的群众也都前来葭沚参加“送大暑船”活动。

再看葭沚老街的地标性建筑文昌阁，老街上还有多处将军第、大夫第、书房的遗存，这条老街也是藏龙卧虎，非同寻常。“贾子”也好，“家子”也罢，也许这里滨江临海，“蒹葭苍苍”，明清时期的读书人引用《诗经》“蒹葭”篇，取其头尾“葭沚”二字，与“贾子”“家子”谐音，成就了葭沚老街的地名，着实值得细细回味。

有老街的地方，就有生活的气息。葭沚老街，感觉好像是一位白发苍苍的长者，见证了一代又一代葭沚人的繁衍生息，也见证了这座古城镇的历史变迁。寒来暑往，无论外面的世界多么喧嚣，老街上的葭沚人，独守着那份恬淡和宁静。

每个街镇的历史遭逢都是不容易的，就如同个体生命、生活的路途一样，坎坷艰辛，走过“蒹葭苍苍”，览过世事沧桑，也使人褪去稚嫩，远离年少轻狂，开始学会以平和的心态，对待生命中遭遇的一切。

第三章

从明清传下来的古建筑

遍布江南各地的城墙、水关、街巷、院落、桥梁、民居，抑或古河道、海塘等元素，这些人文构筑物有一个共同的特点，就是亲近自然，与自然和谐相处。正所谓“一桥一亭，一屋一瓦，青山远黛，溪水竹林，黄发垂髫，悠然自乐”，正是江南民居文化的内涵与精髓。

从明清传下来的江南古建筑，能够让我们细细品味古人的建筑匠心，而“依山傍水、布局合理、守护田园”这三大要素则可以用来概括其中的要义。

“依山傍水”，指的是依托乡野间自然灵动的生态水系，在尊重其生态肌理和水文条件的要求下，以其细腻生动的景观笔触，或急或柔，或隐或现，通过多形态的山水景观连接。在水系发达的江南地区，建筑景观更是凸显出与水相依的各种层次搭配，构成富含意境的流水古建筑系统。江南各地都有着与当地文化对应的文化遗存，比如绍兴一地，从舜禹遗迹、越国古址、秦汉碑刻、唐宋摩崖到明清故居可谓应有尽有。

“布局合理”，诚如《汉书》所言“或久无害，稍筑室宅，遂成聚落”的自然萌生，村落承载着中华文明的物质基础、文化属性，是乡村焕发活力的核心载体。乡村建筑具有生命力、想象力及传播力，它以一种凝固的姿态诠释着各个时代人、事、物的变迁。由院子、杂舍、庭院、聚落等构成的整个空间相互连通，庭上天井流光，廊道曲回婉转，庭里草木花香，春时播种，夏时纳凉，秋时赏月，把酒言欢，岂不快哉？这种民居建筑，留得住人，不断加固社区的关系网，传承了乡土风情，又在不同时期推进了社群的凝聚力。

“守护田园”，则是指历朝历代的乡民和市民的乡愁情怀。水乡之“水”“土”，都与江南民众的情感息息相关。“水乡”一词，早已糅合了江南先民特定的情感和心境，隐含着对一种理想文化的体认和呼唤——这种文化，有别于嘈杂纷纭、匆匆碌碌的市井生活和都市喧嚣。人们对水乡的眷恋，其实是出于对这种居住文化的认同与追寻。人惯于以自身感官认知、生活习性、文化模式、历史经验等作为万物的尺度，对环境的评判理所当然是从人类自身的水乡之所以显出不同的特色，在很大程度上就是因为文化的百花争艳而各有千秋。

▲ 清末，上海城墙城门外瓦罐作坊和繁华道路老明信片

有城不若无城富
——江南城墙

古代的城市为什么要筑城？这个问题涉及城市的起源，与生产力水平提高和社会几次大分工有关，一个相对集中的居住区域，形成了物物交换的集市贸易，促进商品交换活动的集中，也离不开交通运输、丰富的自然资源等优越条件，特别是社会经济在发展过程中，要抵御和防止敌国或是别的利益集团的侵犯，所以修筑城池、高墙深堑，被视为城市的重要保障和生命线之一，扮演着重要的角色。

古代城墙是一种由石头、土块等材料组成的高大墙体结构，用于包围并保护城市。城墙是军事防御的基础，战时城墙可以起到重要的防御作用，城墙顶部设有箭楼、城墙外有壕沟等设施，能够为城市提供更强大的防御力量。有了城墙，可以保护城市内的商业和贸易设施，为居民提供居住和生产的保障，对于历史文化的传承也有重要的意义。

且说上海曾经的古城墙，从宋大中祥符元年（1008）前后设立上海务算起，到宋咸淳年间设立上海镇，再经元代置县，一直到明嘉靖三十二年（1553）筑上海城，500多年间，上海基本就是一个没有城墙的市镇、一座“不设防”的城市，其实反映了上海人的民性特点，当时主要由农民、盐民、渔民组成的早期上海人，骨子里的“犟”劲，豪爽、侠义，成为特定的人文性格。

▲ 清末民初，南京的城墙和城墙附近的秦淮河河道

但自明代起，倭寇（海盗）频繁骚扰，上海县城连续5次遭到来自东海倭寇的侵袭，县丞、镇抚均殉职，兵民被杀，财物被抢，县署及庐舍被焚，邑里几成废墟。经过几次血的教训，上海县的官吏和士民等形成共识：要筑城墙，抵御倭寇袭击。于是上海官绅顾从礼上奏筑城之议，《同治上海县志》收录了顾从礼关于上海筑城的奏疏，其中说道：“上海，宋市舶司所驻之地，治原无城垣可守。盖一则事出草创，库藏钱粮未多；一则，地方之人半是海洋贸易之辈，武艺素有通习，海寇不敢侵犯。虽未设城，自无他患。”

明嘉靖三十二年（1553），上海官民奋起筑城，仅用3个月（农历十月至十二月）便筑起了一座周长九华里、高二丈四尺的城墙（古长度单位）。城墙初系泥土版筑，经多次维修和加固。在建设过程中，涌现出许多动人的故事。从那时起，虽然倭寇多次来犯，上海军民合力御敌，固守城池，倭寇终未得逞。历经近3个世纪，上海县城基本没有受到战争的侵扰，应该说，城墙如同一个牢固的屏障，起了很大作用。

清道光二十三年（1843），上海开埠，英、美、法诸国先后在上海开辟租界。十里洋场的崛起和繁荣，反衬了县城的衰老与落后。城墙年久失修，城基砖泥积垒，不断破败坍塌。加之城门低隘，经常壅塞，“车马既不能行，行旅苦不方便”。到光绪三十一年（1905），就不断有拆城之议。城厢内外总工程局董事李平书提出“拆城垣、填城壕、筑马路，形成环城圆路”的议题，一时激起“拆城派”和“保城派”相持不下，其间也有人提出“不拆城墙、增辟城门”的动议。从宣统元年（1909）起，虽新辟几座城门，但并未改变拥堵闭塞的局面。

▲ 1867 年，嘉定城西门城墙

▲ 清末，上海城墙上废弃的英制大炮

清末竹枝词集《沪江商业市景词》中有一首描写上海南北两市：“南北两市分开忙，南为华界北洋场。有城不若无城富，第一繁华让北方。”描绘了晚清时期上海一城墙之隔，华界和租界两种迥然不同的景象。拆城之议从提出到最终拆除，经历了漫长而又曲折的争论。不过，无论怎样争论，推倒城墙，也是势在必行。

1911年11月3日，上海光复。上海绅士李平书大声疾呼：“今日时机已至，欲拆则拆，失此时机，永无拆墙之望矣！”民众要求拆除城墙的呼声空前高涨，两千余与会者齐声赞成无一反对。1912年1月19日，拆除城墙正式动工。环城马路北半圈于1913年6月竣工，长2 304米，取名“民国路”（今人民路）；南

▲ 1932 年，南京挹江门南侧小桃园城墙

半圈1914年底竣工，长3 008米，名“中华路”。后路面从中线划开，外半边属法租界，铺以长条石；里半边属华界，铺以碎石。

见证明清两朝历史沧桑的上海城墙不复存在，仅在小北门大境关帝庙下及露香园路旁各留下30余米残垣。近代上海城墙承载的丰富内涵超越前代，又必须服务于人们对于近代化以及城市未来的憧憬与想象。

轻舟还有水门通

——城门水关

有城墙，自然也就会有城门。城门的变迁是随着时间的推移而变化的。例如上海筑城之初设立了6座城门，即朝宗门（大东门）、跨龙门（大南门）、仪凤门（老西门）、晏海门（老北门）、宝带门（小东门）、朝阳门（小南门）；城上有雉堞3 600多个、箭台20座，大东门和小东门上有敌楼。城墙外绕护城河，也叫“水濠”，长1 600余丈，宽6丈，深1.7丈，连接肇嘉浜、方浜，通行无阻。清咸丰十年（1860）辟筑障川门，因辟筑前已设有北门（晏海门），故俗称新北门。至清宣统元年（1909）及二年又分别开辟了尚文门（小西门）、拱辰门（小北门）及福佑门（新东门）。

且说水城门，也叫“水门”“水关”，古时候建城，特别是在江南水乡，城内有多条河流通过，民众也使用船只出行，如同今日之汽车。城墙的建造者就要考虑到民众生活的便利，所以一般在建设城门的时候，都得考虑建设水城门。陆城门供车马等出入，水城门则供船只进出。不仅陆上有城门，水上也有各种各样的城门，它们形态各异，各具特色。例如明代上海筑城时，就设立了3座水门：东门、西门两处跨肇嘉浜，小东门处则跨方浜，与护城河相连，既便于舟船进出，水门本身也具有水闸的作用，具有防汛、排水的功能。

明代松江府城，陆路分别有东南西北4座城门：东为披云门、南为集仙门、西为谷阳门、北为通波门。4座城门上都设有城楼，也都分别有古色古香的名字，“东曰迎生、南曰阜名、西曰宝成、北曰拱宸”。4座城门旁分别设有水城门，除通波门设内水关（水关在城内）外，其余3门均设有外水关。城门均设吊桥，人、车通行时，吊

▲ 民国时期，苏州盘门的水陆城门。内外水路，纵横交错，特建有水陆城门供舟楫进出

▲ 清末，上海城门宝带门，即小东门，人群进出城门的情景

▲ 1910 年，南京仪凤门，此城门是从下关码头进入南京的第一座城门，也叫中兴门

桥放下，不通时，吊桥收起。内、外水城门都有关闸，收放自如，船只允许通行时，开启关闸，不通时则关闭。府城外有护城河，外敌入侵时为天然屏障。护城河外通外河、内连城内市河，供城内居民饮用。

江南大运河上有两座非常有名的水城门，分别是苏州的盘门和杭州的凤山水城门。凤山水城门乃元末张士诚重筑杭州城所设，当时设有10座陆门、5座水门，凤山水城门是5座水门之一。民国时期，杭州外墙被一一拆除，唯独凤山水城门保存了下来，它既是龙山河的北端端点，也是扼守江南运河通往钱塘江的咽喉。江南运河的水，出武林水门，与杭州城内的河道的水汇合在一起通过凤山水城门，流入钱塘江。

苏州的盘门，古称“蟠门”，为吴都八门之一，是国内唯一保留完整的水陆并列古城门，苏州西南交通枢纽，是宋代范成大笔下“人语嘲喧晚吹凉，万窗灯火转河塘。两行碧柳笼官渡，一簇红楼压女墙”的热闹之地，也是商贾云集的繁华地区，从这里便可窥探姑苏古城悠长的历史。盘门是古桥、古塔（瑞光塔）和水陆城门的绝佳组合，与两岸的粉墙黛瓦一起构成了水陆盘门古老而美丽的空间。说到苏州盘门，当年伍子胥在建造阖城时，“相土尝水”，综合分析“土”与“水”的关系，然后选择一块适合筑城的地方。2 500多年过去了，历经王朝更迭，风云变幻，社会动荡，但苏州城址没有变动，这种状况在世界城市史上也是罕见的。所以，历史学家和民俗学家顾颉刚先生说：“苏州城之古为全国第一，尚是春秋物。”

盘门水陆两门南北交错并列，是中国唯一保留完整的水陆并列古城门，所以历来有“北看长城之雄，南看盘门之秀”的说法。现存盘门实为元代的遗址，附近除保留有古盘门、吴门桥和瑞光塔3个重点古迹外，还建有伍相祠，表达了苏州人对伍子胥不朽功勋的崇敬，其核心评价可概括为“开城鼻祖，治水功神”这八个字。

清代学者方子颖《温州竹枝词》描述：“三更灯火映窗栊，宵市居然晓市同。夜禁七城都上锁，轻舟还有水门通。”此外，还有“夜夜银花市上元，龙灯滚到此微垣。村姑不怕严城闭，还剩沙钱屉水门”。这些竹枝词虽然写的是温州人过元宵节看花灯的热闹情景，然“轻舟还有水门通”一句，倒是很贴切地讲出了江南水城门的功用。

▲ 20 世纪初，松江船民撑船通过水门

▲ 1900 年，松江城墙的水门，船夫摇船通过的情景

板桥东泊卖花船

——河埠码头

江南古镇傍河而筑的百间楼，有长板石桥连接两岸，各楼之间又有券门相隔，沿河石砌护岸整齐，河边供船舶停靠的地方，有台阶供人上下行走，人称“河埠”，就是民众和船家可以上岸、下船的小码头，又可汲水和洗涤之处，是具有典型江南水乡特色的明清民居建筑

设施。清嘉庆年间，浙江南浔诗人张镇曾写下《浔溪渔唱》：“百间楼上倚婵娟，百间楼下水清涟；每到斜阳村色晚，板桥东泊卖花船。”描写了间间排列的楼房、清澈流淌的河水，斜阳村落，横跨河上的长板桥以及缓缓摇荡的卖花船，好一派闲泊、轻灵、恬淡、如诗如画的水乡风光。

▲ 1930 年，苏州大运河官塘段沿河民居的河埠

▲ 20 世纪 30 年代，苏州运河沿河民居，小船上的货物经河埠搬上岸

一般沿河人家叫“河埠”，商贩之家装卸货物则称“码头”，两者仅有规模之别。清澈河流上分布着的河埠，通常是数十块石板叠砌形成石阶，石阶一直延伸到河的水平面之下，有谁知道建造之初的艰辛？可它却是沿河民居的一大特色。传统时代，水乡的人流物流，主要靠水运，以水为路，凭水为生，譬如那个年代的吴淞江，就如同联系上海与苏州的水上“高速公路”，河埠、码头就是水运与岸上的交接点，很有点类似公共汽车站点，在苏南浙北地区的水上交通线上，河埠、码头的作用特别明显。

苏州历来有“三关、八门、六码头”之说，“三关”指的是枫桥的铁铃关、白莲桥的白虎关、普安桥的青龙关，均坐落在阊门外上塘河一线上，是明代苏州抗倭的重要军事关隘。“八门”是指阊门、胥门、盘门、葑门、相门、娄门、齐门、平门。“六码头”则是指万人码头、太

▲ 20 世纪 30 年代，江苏吴江黎里古镇汝家桥到唐桥市河北侧一段的沿河民居河埠

▲ 民国时期江南水乡的沿河民居，依水而居，以船为重要交通工具，家家户户都有河埠

▲ 民国时期的河埠，自给自足的小户人家场边也会有一个简陋河埠，便于水上出行和生活

子码头、北码头、南码头、丹阳码头、盛泽码头。六码头停靠船只的石头台阶，它同石驳岸融为一体，傍岸铺设整齐的石块，并用石条垒成台阶，两侧还常配置用于缚缆带索的缆船石或石桩。这种河埠坚固宽敞，便于停船装货，还可供居民们洗衣淘米，迎来送往，籴米买柴。

水乡沿河民居，一般都是在自然河道边搭屋定居，为了便于生活和劳作，人们开始是用木板竖插在河岸边，打上木桩加固。但木板容易朽烂，后来就在河岸边垒筑石堤，这就是驳岸的前身。石头容易下陷移位，就要不断地重建。后来人们发明了在驳岸与河埠码头的基础部位打下木桩，再砌筑石块夯实，使它变得平整划一，坚固耐用。

河埠与码头，除了规模，原本也没有明显区别，纯粹装卸货物、搭乘旅客的称为码头，其规模比较大，某种意义上说所谓“码头”是河埠的延伸与放大，以公用或半公用的为多；而河埠以居家洗涤为主，一般规模不大，多数是私家独用的。一般私家河埠，也分有好几种类型，有明的，有暗的，有窄的，有宽的。如昆山周庄的张厅，始建于明正统年间。该宅第前街后河，占地宽广，有一条箸泾小河贴着墙根从屋后流来，又穿越家中的小阁而去，河的中段拓宽为丈余见方的水池，即作为船只交汇和调头的地方，池四周用花岗石驳岸护卫。水阁设有一排敞窗和美人靠，供人纳凉赏景，窗下驳岸间如意形缆船石拴扣着一叶小舟，为主人自备的交通工具，并筑有私家河埠，上下方便自如。厅内一副对联尤其引人注目，上联是“桥从门前进”，下联是“船自家中过”，十分贴切地写出了张厅水乡建筑的风景，透出安逸温馨的水乡情趣。

清乾隆七年（1742），元末明初巨富沈万三后裔沈本仁建成沈厅，也是风格独特的江南水乡民居，分别由临水民居和面水民居组成。水道从宅中穿过，屋前屋后皆有河，前后分三大部分：前部是水墙门、水码头和货栈，专供停靠船只，装卸货物，贮藏物资之用；过街的中部由墙门、茶厅及正厅组成，为会客议事及办理婚丧之处；后部为大堂楼、小堂楼、后厅屋，是生活起居之处。整个厅堂是典型的“前厅后堂”建筑格局，前后楼屋之间均由过街楼和厢房楼连接沟通，形成一个大的“走马楼”，为同类建筑中所少见。

河埠码头不只是方便人们下河濯洗或提水，还是驳运货物的场所，故而，每天河埠码头上人来人往，熙熙攘攘，呈现一派热闹繁忙的景象。江南水乡城镇的河埠码头，凝聚着水乡先民的生活智慧，它们不单数量多，而且式样多，从中反映出江南地区人口的稠密、经济的发展、设计的科学、建设的合理，给人以美的享受。

万顷沙明一鹭飞

——大捍海塘

上海中心城区的城墙兴废、掌故逸事，以及留下的城墙遗址，人们谈论得较多。其实，在上海郊县还有“五城城墙”：一是建于南宋嘉定十二年（1219）的嘉定城墙，在江南地区，像嘉定这样坚固宏伟的县城墙实属鲜见，时人称其可与“东南诸城称雄”；二是筑于明洪武十九年（1386）的奉城城墙，奉贤是上海古城堡最多的城区，

▲ 民国时期，浙江海宁捍海筑塘在抵御潮患、不断修筑过程中，留下了与海塘文化相关的古迹

先后建有奉城、柘林城、南桥土城；三是与奉城城墙同时开建的金山卫城，金山卫历史悠久，与天津卫、威海卫以及镇海卫一同被称为“沿海四大卫”；四是建于明嘉靖三十六年（1557）的川沙古城墙，比上海老城墙晚建几年；五是建于清康熙三十三年（1694）老宝山城，为清苏州府海防驻军之所，是上海少有的用于屯兵的古城遗址之一。

在上海还有更伟大的海上防御工程——捍海塘，设计师称它是“陡墙式海堤”，通俗地说就是古时候的“海上长城”。直到今天，奉柘公路一条3 900米长的石墙遗址，仍孤单寂寥地伫立在公路一侧，仿佛在诉说那段上海沿海民众与大海抗争的不屈历史。

这一段石塘遗址，是清雍正年间所筑华亭海塘中的一段。清史学家、经学家王鸣盛在《练川杂咏》六十首中专门写了《捍海塘》：“捍海塘边碧四围，苍茫暮色散烟霏。登楼试瞰吴淞月，万顷沙明一鹭飞。”王鸣盛还认为它是太湖流域特有的水利工程。

特殊在哪里呢？捍海塘至少有两大功能值得关注：一是抵御海潮侵袭的功能，上海先民基于生存需求，在与海洋长期相处的过程中，逐渐观察到海水的冲刷，会携带泥沙而堆积成陆地，也会因为海潮的冲击，使许多陆地受海水侵蚀，大小金山等地就先后沉入海中成为岛屿。在得不到科学解释之前，人们难免会将这种现象归结为不可知的神力所为；二是修建起多条海塘，与海上的敌人如倭寇、海盗之流抗争。于是，在江南滨海处留下了多处海塘的构筑物。

旧时，人们把沿海和河口段因受海潮冲击而由人工修筑的海堤、江堤，统称“海塘”。太湖流域的海塘，经过历代大规模地修筑扩展，已经成为完整的工程体系。它北起江苏省常熟市福山镇，经上海沿江、沿海，南抵浙江省杭州市狮子口，总长692 400米，统称“江南海塘”。

▲ 五代吴越国捍海塘遗址之海塘细部施工图景

清人秦荣光《上海县竹枝词》写道：“由杭至沪一条塘，计里延长三百强。筑自开元唐捍海，恰宜铁路改康庄。”秦荣光自注：“唐开元元年筑捍海塘，起杭州盐官，抵吴淞江。”至于上海先民“捍海”的事迹要早得多，《吴越备史》

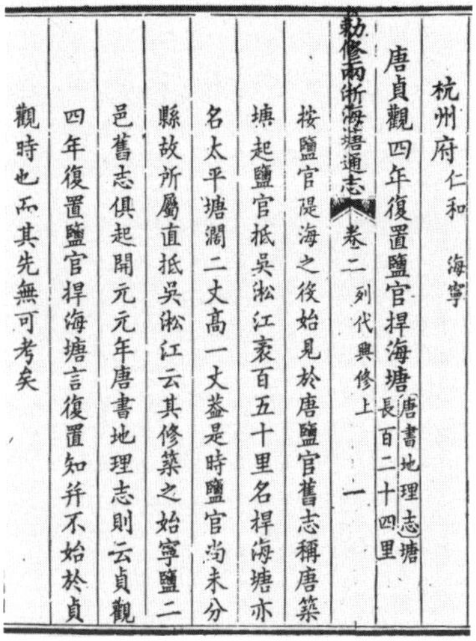

杭州府 仁和 海寧

唐貞觀四年復置鹽官捍海塘（唐書地理志塘長百二十四里）

按鹽官隄海之役始見於唐鹽官舊志稱唐築塘起鹽官抵吳淞江袤百五十里名捍海塘亦名太平塘濶二丈高一丈葢是時鹽官尚未分縣故所屬直抵吳淞江云其修築之始寧鹽二邑舊志俱起開元元年唐書地理志則云貞觀四年復置鹽官捍海塘言復置知并不始於貞觀時也而其先無可考矣

勑修兩浙海塘通志 卷二 列代興修上 一

▲ 古籍《敕修两浙海塘通志》中的“唐贞观四年复置盐官捍海塘”条目影印

▲ 古籍修筑海塘图施工场景之插图

▲ 上海奉贤境内的华亭古海塘依然屹立

云："华亭谷极东南，有金山咸塘，风激重潮，海水为害，非人力所能防。"相传汹涌的海患让当时的吴主孙皓焦虑不安。某夜，孙皓做了一个梦，梦见西汉大臣霍光前来相助。于是，他便封霍光为捍海神，并在金山为其立庙祭祀，即金山忠烈昭应庙，亦称捍海神庙。后来，霍光成为护佑上海的城隍神。

隋唐时期，奉贤柘林一带开始修建海塘。每次潮水退却后，人们在海滩的淤泥最高处撒上糠，再沿着糠的痕迹就地取材修建土塘。还有一种"石囤木桩法"，即把就地砍来的竹子编成笼，装满石头，再抛入海中，在两侧用高大的木桩固定，上铺石块，形成坚固海堤。由华亭县（今上海市松江区）征役民夫配合水陆守军修筑。《新唐书》记载，盐官县"有捍海塘堤，长百二十四里，开元元年重筑"。南宋《绍熙云间志》也谈到捍海塘："旧瀚海塘，西南抵海盐界，东北抵松江，长一百五十里。"这两条海塘南北相连，是上海至杭州海岸线的共同保卫线。捍海塘的修筑，抵挡了海潮的袭击，消除了种种水上祸患，使海塘内的陆地成为人们生活、劳作的平安场所。

唐代以后，及至宋元明清诸朝，可以说，人民心目中的好官、能吏，都是带领民众修建海塘或疏浚河道的治水英雄，以他们的姓名来命名海塘工程，几乎成为一个惯例。每段石塘上都刻有监造及施工碑记，碑记上刻有工匠、官员姓名等信息。从监造到施工，都确保责任到人。而刻着“长庆安澜”“屹若金汤”等字样的吉语碑，则表达了人们修筑坚固海塘的决心以及对安定生活的向往。

浦东高壤水云洄

——民居宅第

江南民居宅第，苏州水乡老屋、杭州钱塘民居、绍兴的台门、嘉兴的古宅，以及古镇上的牌坊、古戏台、古桥、老屋、祠堂和古亭，都是各有特点。民居老屋一般由多层小楼组合而成，分为民居、馆所和商业店铺等类型。

黄浦江把上海一分为二，黄浦江以西为浦西，黄浦江以东即为浦东。浦西是上海最核心的部分，一般传统意义上中心城区，并不包括浦东。浦西开发较早，西方人的城市规划基本都是欧洲城市设计学派的调性，既有小洋房，也有小弄堂，中西合璧，于是就有人说它像东方的巴黎。民国时期，浦东尚未开发。“宁要浦西一张床，不要浦东一间房”，这句俗语透露了浦西与浦东的差异。当浦西高楼林立、人烟稠密之时，浦东却还是一片荒芜的景象，故在老上海人眼里把浦东看成乡下农村，就不足为奇了。

其实浦东的文化底蕴深厚而多元，扎根在江南文化的沃土中，它的根须一直在不断伸展。以民居老宅而言，川沙古镇的“内史第”极富传奇色彩。王鸣盛之弟书画家王鸣韶曾经作《练川杂咏和韵》六十首选一曰：“浦东高壤水云洄，楝紫槐黄次第开。青布裹头赤脚

▲ 民国初年，位于浦东高行镇的喻氏民宅

▲ 浙江金华市辖浦江县城东曾是郑氏家族聚居的氏族村落，有“江南第一家”之称

女，可怜齐出踏车来。”浦东不仅有“高壤”，更出“高人”。就以“内史第”而言，旧称“沈家大院”，为沈树镛祖上所建。清咸丰九年（1859）沈树镛中举，官至内阁中书，沈家大院改名“内史第”。“内史第”在历史上名人辈出，是中国近现代著名教育家、职业教育先驱黄炎培的出生地与故居，著名音乐家黄自、民主战士黄竞武、会计学家黄祖方、水利专家黄万里等黄氏子弟均诞生于此，连民国著名学者胡適也曾在“内史第”居住生活过。

“内史第”坐北朝南，为三进两庭院、两厢式二层砖木结构的民宅，门楼是典型的晚清建筑设计风格。宅院富有清代江南民居特色，雕刻装饰尤为突出，“凤戏牡丹”“状元游街”等砖雕和长窗、柱梁上的木雕都非常精致。1890年，“宋氏三姐妹”的父亲宋嘉树成为上海川沙地区的传教士，当时便借住在沿街坊的“内史第”，直至1904年迁至上海虹口。宋庆龄小时候在“内史第”生活了11年。

内史第北面的中市街，是早期川沙的商业中心，店铺云集，人流量很大。这些阡陌交错的街巷里，有来自五湖四海的生意人聚集在川沙。浦东老宅，“内史第”是一个典型，其他如位于航头镇的傅雷故居，位于周浦镇棋杆村的顾氏老宅，位于合庆镇王桥路上的陶家宅，更有位于东方明珠、上海中心大厦等一路之隔的“浦东雕花楼”，原“颍川小筑”——陈桂春住宅，现上海吴昌硕纪念馆……这些老宅子，外表庄重朴实，内部空间布局紧凑，院落划分私密安静，砖墙门

▲ 浦东川沙“内史第”门楣依照清末江南民居建筑风格复建

▲ 20 世纪 40 年代，南京一户宅子的正门，这家人家已经用上电了

▲ 1920 年，一个外国人站在上海一处宅院的门前

洞相互连通，建筑内部梁式雕花清晰可见。白墙黛瓦、歇山顶，傍水而居，上海当地人都称它们是四面绞合、围圈而建的“绞圈房”。

江南各地传统合院，包括苏南浙北大多数民居都有“绞合”的特色，有三开间、五开间、七开间，乃至九开间，不论是一绞圈，还是几绞圈，不论如何“绞”，八九不离十，都是沿着中轴线，两边厢房和双坡屋顶左右对称，每个绞圈庭心居中的房子，都是江南民居衍生出来的民宅。

不过，在江南民居中，上海浦东因滨江临海，台风频繁侵袭，确实较多地采用“绞圈房”，充分发挥这种形制檐口低矮，屋顶绞圈相连，整体性较强，有利于抵抗台风。也因浦东古河道众多，纵横交错的水系也形成了自然村落的肌理，符合农村家庭人口众多，抗风牢固安全、利于生活生产需求。这些老宅多伴水而建，前后水桥布置、材料的运用等，符合生活生产的便利性，厢房和庭院等居住空间都体现出内居外作的特点。浦东的“绞圈房”民宅，作为典型的传统农耕文化的居住空间，整体营造法式脱胎于江南传统民居，但又由于地处东海之滨，受自然条件的影响，及生活生产习俗的需要形成了自己的特色。既是上海浦东人传统生活、劳作方式、日常生活场景的展现，又体现了浦东人的传统观念与生活方式，是浦东民俗文化的生动见证。

▲ 清末民初上海郊区的茅草农舍与菜地，几个女子和孩子望着摄影师

黄土筑墙茅盖屋

——乡农茅舍

人间四月天，江南的田野里开满了油菜花，黄澄澄的一大片，南宋诗人翁卷有一首《乡村四月》的诗："绿遍山原白满川，子规声里雨如烟。乡村四月闲人少，才了蚕桑又插田。"描写的是初夏之时，江南乡村的田野风光和农忙景象，表达了诗人对农民辛勤劳动的同情和赞美。

《湖州竹枝词》载元代文学家张雨的一首清新自然、淡泊闲适的农家田园诗歌："临湖门外是侬家，郎若闲时来吃茶。黄土筑墙茅盖屋，门前一树紫荆花。"这里黄土筑墙，依湖而居，茅草屋顶，篱笆丛丛。门前紫荆花盛开，阵阵飘香。树下喝茶，湖边赏月，悠然自得，潇洒惬意。春天的田野是最动人的。春风给大地铺了一层绿色的地毯，杨柳青青，随风摇摆。

"黄土筑墙茅盖屋"，走进农舍，才见茅屋前面还流淌着一条清澈的小河。河埠头上，几个妇女正在浣衣，一条小木船横在河埠头旁。几株柳树，在河旁摇曳着柔嫩的枝条。江南乡村的春景，旅人看看总是感到温馨和陶然。然而，真的长期在这里生活与劳作，那滋味也是不好尝的。穷人的茅草屋自然无法与瓦屋相比，茅檐低矮，阳光不易进入。若是天晴，门要终日开着，以便尽可能地透进阳光。屋地是泥地，凹凸不平，若是下雨，人穿着湿鞋踏进来，地就变得泥泞，甚至走起路来一滑一滑的，宛如走在田埂上。

▲ 清末的一户茅草农舍，抱着孩子的农夫与他的家人

▲ 20 世纪 30 年代，南京茅草屋下的蒋王庙庙会，人潮汹涌

日子久了，外面的地面要比屋里高，一脚跨进门槛，冷不防像是踏进了陷阱一般。茅草屋里，常常看到蜈蚣摆动着无数条细腿，一闪而过，还有蜗牛，蠕蠕地爬来爬去。

唐代大诗人白居易就曾写过一首《村夜》诗曰：“霜草苍苍虫切切，村南村北行人绝。独出前门望野田，月明荞麦花如雪。”讲的是在一片被寒霜打过的灰白色秋草中，小虫在窃窃私语着，山村周围行人绝迹。诗人独自来到前门眺望田野，只见皎洁的月光照着一望无际的荞麦田，满地的荞麦花简直就像一片耀眼的白雪。田野上，沟渠纵横分布，流淌着白茫茫的水；一片片水田，也满是白茫茫的水。水田里的水与天相互辉映着，白茫茫的。诗人以白描手法写出了一个常见的乡村之夜。前两句写村夜秋色的浓重，后两句描绘出乡村之夜的美

▲ 1937 年，上海棚户茅草屋前的一群儿童

▲ 1945 年的上海外来移民，只能用茅草搭建起的简易棚户安身

景。诗人通过描写秋夜的凄清，透露了孤独寂寞的心情，而民国时期的大多数江南农人，应该是在这种环境里度过秋夜的穷困与潦倒，心情也许就如诗人描写的那样凄惶。

一个地方，凡具备生态环境、自然资源与历史人文景观“三合一融合”特点的，就有可能成为景观，江南的许多村庄正是具备了这样的特点，充满民间传说和历史故事。而江南水乡那些层层叠叠、错落有致的水边人家，斑驳的墙壁上，波影在悠悠地荡漾。平静的河面上偶尔有小船划过，留下一道道长长的水纹……

农舍的边上，总有缕缕炊烟，它是乡村生生不息的希望，就像春播秋收的庄稼一样，看见炊烟，让人感觉心里踏实。清晨的日出把炊烟涂抹成一缕缕金黄，门“吱呀”一声开了，唤儿声、鸡叫声，新的一天开始了。孩子们背着书包上学，男人扛着锨镢赶着牛儿上山，女人目送他们离开，心里有硕大的希望上升着。到傍晚，夕阳湮红了山村，炊烟缓缓地上升着，像是一幅水墨画，涂抹着安宁与闲适。母亲站在家门口，翘首盼着亲人回归，就如心有灵犀一样，似是听到了母亲的呼唤，听到了炊烟的呼唤，夕阳里扛着犁具的父亲和老牛的身影同时出现了，像一座小山，缓缓走近。村里的灯火次第亮起来了，灶膛里的火也越发亮了，把住在茅屋里的农人的叹息忧伤与压抑的情感和对生活的向往全部吞进去了，过滤成炊烟缕缕升起。当然，那个年代乡村的生活没有城镇里的人那般喧嚣匆忙，没有车水马龙，他们虽然穷困，但他们有清新的大自然陪伴，这种简单朴实的生活也许是他们所乐于享受的。

▲ 上海近代第一座中西合璧式花园洋房——丁香花园

洋房楼阁入氤氲

——中西合璧

从19世纪下半叶至20世纪初，“五口通商”的城市里率先出现了一批洋楼，《沪北西人竹枝词》说开埠之初的上海：“租界鱼鳞历国分，洋房楼阁入氤氲。地皮万丈原无尽，填取申江一片云。”对于看惯中国传统建筑的民众来说，一下子有那么多洋楼矗立在眼前，是会觉得很突兀的。这时候，一些建筑学家，包括欧美的一些建筑设计家、工程师，他们也自觉或不自觉地，对这种建筑物进行东方与西方、传统与现代的渗透与融合，形成了一种不中不西、亦中亦西的建筑形式，实际上是东西方建筑理念的一种相互妥协。

20世纪30年代以来，民国政府倡导以“中国固有形式为宜”的官方立场，应用官式宫殿大屋顶的近代建筑，几乎成为一股潮流。诸多教会大学校舍建筑、部分教会建筑以及诸多行政、商业及具有纪念

▲ 英国驻温州领事馆旧址

▲ 上海闵行区项氏住宅主楼，为中西结合的条形带长廊的两层楼建筑

▲ 上海浦东高桥仰贤堂屋顶山墙的西式装饰

意义的公共建筑等，在当年视为受西方传教文化影响、民族意识觉醒是对“琉璃闪烁、画栋雕梁”中国古典建筑民族情结的集中体现。那个年代，民居中也出现不少“中西合璧”建筑的重要代表，上海石库门里弄住宅就是典型。此外，还在江南各地出现了一批“中西合璧”的民宅。

浦东高桥是一个有着千年历史的古镇，唐宋时期依仗盐业，元明时期制作沙船，明清时期则是纺织之乡，到上海开埠时，大量人口会聚洋场总得居有定所，随着西方建筑理念、建筑材料、建筑工艺的传入，高桥乃至浦东的泥水匠所从事的水木工也要吸收西方元素，才能适者生存。其中有个叫钟惠山的泥水匠，活干得好，为人又勤勉，从包小工程逐步发展到自创“钟惠记营造厂”，成为那个年代的“高桥首富”。20世纪20年代末，发了财的钟惠山不忘回报梓里，在镇西街建五开间四合院新宅一座，就是现在还留存的钟氏民宅。

这幢五开间中西合璧的民宅很吸引人，说它是西洋民居吧，整体布局分明是传统四合院形式；说它是传统江南民居吧，外观上有明显的西式风格，“走马楼”过廊，水泥花式护栏，地板

▲ 浙江湖州南浔张氏旧宅建筑群为中西合璧建筑

用柚木，铜锁使用得很普遍。门楼砖雕完整，每进院落正屋前后设门楼和天井，每进均在中轴线上建造传统式样仪门，其样式与沪西石库门民居异曲而同工。

无独有偶，在浦东凌桥，也有一座“中西合璧”的杨氏民宅，20世纪初，凌桥镇的民众多靠租种田地为生，住宅大抵是茅草农舍，杨氏民宅的落成使凌桥乡村真正有了建造优良、用料讲究、雕塑精巧、外形美观的大宅院。这座民宅占地面积约900平方米，坐北朝南，杉木桩基，砖木结构，东西宽24米，南北深20米，为独宅四合院，宅前有清澈宅沟，宅后则为菜园。正门为牌楼式建筑，高大的正门为对开黑漆大门，饰以铜钟式的铜环拉手，俨然西方民居的样子。

这幢杨氏民宅的主人，名叫杨松林，生于清光绪四年（1878），未曾读书上学，少年时代就帮着父母种田，农闲时还外出做童工。是个海边长大的少年，水性极好，曾经被推荐到外国游船上当学徒，靠着他的为人勤勉和努力学习，经过多年磨炼，当上了船老大。上海开埠后，英国侨民将划船运动带到上海，相继建立了赛艇会与赛船会。杨松林凭着驾驭赛艇的高超技术以及与西侨的关系，在划船总会谋得总领班一职，此后还担任过上海舢舨厂总管等职。为外国人打工的杨松林发了洋财后，开始买田造屋，从1929年起，他在老家凌桥购入土地数亩，请人遵照浦东一带流行的房型，设计了一套中西合璧的宅院。

浦东中西合璧的宅子总带着几分乡土与洋派交织的独特气质，而浦西的同类建筑，则更多浸染着开埠后的都会气息。所谓“中西合璧”，“西”实指现代化，“中”泛指中国传统建筑。中国的传统建筑因缺乏发展理念而故步自封、停滞不前，已不能适应社会多元化需求。“中西合璧”现象的出现，客观上说，有西方殖民文化入侵的无奈，有中西方文化间摩擦、冲击与渗透的被动改造，但也有主动地借鉴吸纳并与本土文化的融合，体现着传统顺应近现代建筑发展潮流的创新。

衢巷遥传笑语声
——长街短巷

上海人对大马路两侧的支路不大像北方人那样称“巷”，而是叫“弄堂”。但江南各个市镇，还是叫巷子的多。说来也奇怪，无论街市主干道上交通怎么拥堵或者喧闹，一旦转角走进一条弯弯绕绕的小巷里，你就会感觉一下子安静下来，有点与世无争的意味。每条小巷尽管有不同的名称，却很是相似，小巷很美，美在它的古朴与深藏不露。

小巷的路面，要么铺着组成图案的弹石，要么是齐整的青石板。曾经的古镇上有各行各业的商号店肆数量多达百余家，其中包括小吃店、花馆、木匠店、豆腐坊、槽坊、染坊、肉庄、渔行、银匠店、竹器、木行、国药、烟馆、南北杂货、绸布庄、饭馆等。走在小巷里，千万不要被它的表象所迷惑，就如同看一个低调谦卑之人，不显山，

▲ 清末杭州的一条街道，古朴而热闹，各类店铺鳞次栉比。石板路虽然不宽敞，但清爽整洁

▲ 20 世纪 30 年代，扬州江都县城商业街，街道铺设石板路，并出现电灯等新式照明

不露水，深谈下来，都可能有着不寻常的来历。这方面也正是江南人的性格所致，不事张扬，内敛律己。江南古镇里的小巷，藏龙卧虎。

特别是像苏州、杭州、扬州、南京这样的古城，文化底蕴深厚，住在小巷里的人，或者是官场上下来的，或者是军功在身、从战场上下来的，或者是经商致富、腰缠万贯。他们在外面建功立业，挣了一笔足以与一家人享受半辈子的银子后，便静静地回到小巷，舒舒服服地安度余生。可以说，历朝历代，那些功成名就的人，他们拼搏奋斗大半生，最终都是在小巷民居里，作为他们颐养天年的家园，含饴弄孙、享受人生，而小巷常常是他们最后的归宿。“较场撒李翠森森，衢巷遥传笑语声”，尽管没有任何影像照片留下，人们仍可从清末方于彬写于民国初年的一首《竹枝词》里得窥这一盛景。各地古镇，如同珍珠一般，需要以历史为经线、民俗为纬线将它们串联起来。

就以上海金山的几个古镇来说，如枫溪之于枫泾镇、珠溪之于朱泾镇、留溪之于张堰镇……古镇都离不开水，在上海金山有个吕巷镇，吕巷也对应着一条古老的河流——古称“璜溪”，近世称“沥

▲ 民国时期的江南小巷

渎”，今天更有人将它称为“吕巷塘”了。历经千百年风云变幻，山河依旧，名字或许有变，河流仍然在静静地流淌。

“璜溪”古时又称“磻溪”，传说周代太公望在磻溪钓鱼，钓得玉璜，唐宋以来，一直为人津津乐道。唐代学者杨炯《宴族人杨八宅序》：“望望八川，苔发璜溪之水。”唐代诗人杜甫《奉赠太常张卿垍二十韵》：“几时陪羽猎，应指钓璜溪。”明代刘基《太公钓渭图》诗：“璇室群酣夜，璜溪独钓时”，说的都是这个典故。吕巷集镇在宋代已形成，且一直旧称“璜溪”。

既然如此有名，为什么“璜溪”成为“吕巷”呢？这与这方土地元代出了一个大名士吕良佐有关。吕良佐（1295—1359），字辅之，号璜溪处士。在元代蒙古人入主中原之际，他不接受征召，隐居家乡，组织地方义勇，保障乡里。正因为他对当地有大功德，被民众广为传颂，于是“璜溪”改成了“吕巷”，作为对吕良佐永远的纪念。创设“应奎文会”，是吕良佐一生的重要成就。元至正十年（1350），吕良佐在杨维桢、陆居仁等名士支持下，征召天下文士佳作，有点面向全国征文的味道，“一时文士毕至，倾动三吴”。响应者众，投稿者竟然有700余卷，从中遴选40卷，担任主评官的是吕良佐的挚友杨维桢、陆居仁等。这是600年前松江府民间发起的一场文坛盛事，影响力之大，轰动了朝野。

吕巷之美和岁月相守相约，似乎从未

▲ 20 世纪 30 年代，四个女孩在苏州吴中东山小巷的巷子里

▲ 1937 年，上海市消防队在四川北路的一条小巷里灭火

随时光消逝而老去。位于新西街的寿带桥，又称油车桥；以及距离寿带桥几百米的玉秀桥，这两座建于宋代的单孔石拱桥，依然保留有浓厚的江南古镇特色。古镇的东街与西街，两旁早已面貌翻新，却还是保持着古镇古色古香的风貌。市河两岸，旧房鳞次栉比，水乡旧韵丰厚。宋代的江南，那复杂纷繁的世俗生活背后，蕴含着强大的精神底蕴，是江南文化的时代铺垫和精神支撑，代表了一种思想、知识与信仰。像吕良佐、杨维桢，这些曾经独领风骚的文坛巨子，其实就是吕巷镇的文化灵魂，也是江南文化的精神旗帜。

读书夜坐草堂静

——草堂故居

自古以来，隐士高人、文人墨客有给自己的书房命名的习惯，或以言志，或以自勉，或以寄情，或以明愿，一般多用“斋”“庐”“屋”“室”“庵”“堂”“馆”“阁”“园”等字。

▲ 江苏省昆山市千灯镇顾炎武故居

▲ 建于上海松江小昆山的“二陆草堂”，面目已未可知，此图为近年修葺过的

有的文人雅士也喜欢用“草堂”来命名，如唐代杜甫“浣花草堂”、白居易“庐山草堂”、清代纪晓岚“阅微草堂”、石涛“大涤草堂”、任伯年“颐颐草堂”等。草堂是文人心灵和肉体的庇护所，庙堂虽好，终非久留之地；草堂虽陋，倒也是士人与庶人心灵共鸣之地，有了它即不再寒冷，不再潦倒，不再孤苦无告，这是历来士人人生的一个节点、一座生命的纪念碑。

松江小昆山有一座“二陆草堂”纪念馆，纪念的是陆机和陆云两位大名士。清道光年间的诗人汪巽东在《云间百咏》竹枝词中，对“二陆”10年苦读、沉潜学问、著作颇丰做出了很高的评价：“恶木荫高客过愁，好歌招隐上峰头。读书夜坐草堂静，鹤唳一声天地秋。”松江的“小昆山”，也是“云间九峰”最南端的一座小山。因为“二陆草堂”在此的缘故，因而使小昆山名震四方。而“二陆草堂”是陆机、陆云兄弟少年时代起居读书之处所。

西晋初年的陆机、陆云兄弟在中国文学史上并称“二陆”，出身江南名门，祖父是东吴名将陆逊，后任东吴丞相；父亲陆抗也为一代名将，官拜东吴大司马，江南陆姓与顾姓一样，都是世家豪门，在东吴有着举足轻重的地位。顾家的势力中心在吴县一带，顾雍墓及顾氏家族墓在穹窿山附近小王山，而陆家的势力则主要在“华亭”，其实华亭本来就是昆山析出的一个县。“二陆草堂”的环境优美，沿逶迤山径攀登至山顶，有“华亭”高耸，“二陆读书台”可以想象，十年隐居在此的陆氏兄弟，闭门勤读，该是下了多么不寻常的苦功夫。

陆机（261—303），字士衡，吴郡华亭人，西晋文学家，书法家。因曾历任平原内史、祭酒、著作郎等职，故世称“陆平原”。《晋书》上有传，说他“少有奇才，文章冠世”，成名极早。晋武帝司马炎太康十年（289），陆机和陆云来到京城洛阳拜访时任太常的大学者张华，深得张华器重，“二陆”名气遂大振。后陆机与陆云兄弟卷入“八王之乱”，兵败被杀，夷三族，太康之英未能善终，惜乎英才未能遇到好的时代，也是憾事。

▲ 江苏省南通市如皋市如城镇冒家巷，构成集贤里明代建筑群

▲ 建于 1874—1875 年间的司徒雷登杭州故居，为砖木结构中西合璧式的两层楼房

公元280年，晋军伐吴，“年二十而吴灭，退居旧里，闭门勤学，积有十年”。吴亡之时，陆机、陆云年不过二十，在华亭，兄弟俩沉潜学问，十年磨砺，遂名重一方。陆机以《辨亡论》《吊魏武帝文》和《文赋》最为著名。他所书的《平复帖》，开中国书法史上文人书法之先河，其所著《文赋》，被认为是我国历史上第一篇系统的文

学创作理论作品。

陆云（262—303），字士龙。是西晋重要的书法家，所书《春节帖》被选入《淳化阁帖》。文章辞藻丽密，旨意深雅，著有诗文349篇，集成12卷，又撰《新书》10篇，并行于世。在刘勰的《文心雕龙》中，陆云的文学创作和文学理论成就得到了很高的评价。

▲ 民国时期，位于上海番禺路129号的建筑设计师邬达克别墅，体现出英国都铎王朝的建筑风格

“二陆”不幸客死异乡，云间百姓一直怀念他们。如“二陆”读书台、婉娈（luán）草堂，皆成一时名胜，历代文人吟咏不绝，前来祭拜的游客络绎不绝。明代文学家、书画家陈继儒，特建乞花场，使参观者买花以补贴草堂经济收入。故有竹枝词记述此事：清丁宜福《申江棹歌》：“昆阴二陆故居荒，婉娈空怀旧草堂。赖有眉公奉香火，吟魂长傍乞花场。”顾翰《松江竹枝词》：“昆山婉娈旧茅堂，赖有眉公一瓣香。郎说好花无乞处，妾家正傍乞花场。”

要说江南名人故居，“二陆草堂”深为一方文士所仰慕。陆机所作《吴趋行》，风靡一时，其中“山泽多藏育，土风清且嘉”，为后代文人反复引用，以此讴歌这一带的人文环境。陆氏兄弟以其才俊学识、为天下文人敬仰诚服。“玉人生此山，山亦传此名”，随着“二陆”名声播扬，家乡华亭的山川地名也为人们传诵，就连华亭的鹤亦沾其光。华亭产鹤，即因陆氏兄弟多次吟咏，名声不胫而走，闻于海内。后人皆誉华亭鹤为“真鹤也”，刘禹锡、皮日休、沈括等历代名士均有诗文颂之。

第四章

“夷场”与洋人社区

近代以前，许多中国人总以为自己处于世界的中央，其他民族，或蛮或夷，反正是不够开化的民族，自我感觉良好。明末来华的耶稣会传教士利玛窦（Matteo Ricci，1552—1610）经过细致观察，他发现，中国人“深信他们的国家就在地的中央”。利玛窦很会取悦当时的中国人，他绘制的《坤舆万国全图》中，僻处一隅的中国的位置赫然处于中央，也是蛮有趣的。

当时，自居地之中央的清王朝，依然沉浸在“中国”与“四夷”的世界想象中，当官的和读书人还是抱着“内诸夏而外夷狄”的天下观，可是鸦片战争一开打，就显出了其腐朽和虚弱的原形。

第一次鸦片战争结束以后，清政府割地赔款，已是大失颜面，却依然死要面子活受罪，非说自己是“天朝”。直到1861年，清政府拟在北京设立“通商抚夷全局”，旋即觉得不妥而改称“总理各国事务衙门”。

鸦片战争以后，“三千年未有之大变局”渐渐让中国从“井底之蛙”式的“天下观”里惊醒过来，地理上，“中国”不是“天下”的中央；文化上，“天朝上国”也不是居于中心，万国并立平等交流才是正道。然而，自大与自卑本是一体两面，几次战败，摧毁了自大、傲慢的心理，清朝统治者及攀附其中的一些人，转而又开始自卑起来，开始给洋人下跪、做洋人的舔狗。由于洋人地位不断攀高，清末的老百姓还弄出了一套崭新的游戏——百姓、洋人、官，游戏的背后是两两相克的逻辑：百姓怕官，官怕洋人，洋人怕百姓。这实际上就是中国人流行的猜拳游戏“石头、剪子、布”的新变种，只不过特殊的时代给了它特殊的游戏名称而已。

不论怎么说，晚清西方人的物质文化成果，租界内风格迥异的洋房、规划整齐的道路、先进完善的生活设施，还是给中国人的物质生活起到了示范作用。就如同江南民间称奢华阔气的风气叫“扬气”，源自扬州盐商的做派，而到了光绪年间，风气转换，“喜寿庆吊”之类红白喜事中的奢靡风格，已经没有人称“扬气”了，而改了一个音同字不同、含义道不同的“洋”字，唤作“洋气”了。从中也可以看到中国的民俗文化，随着世事的转换，发生变化了。

▲ 1920 年，上海南京路公共租界市政厅

洋场景别一乾坤

——十里洋场

鸦片战争以后，中国逐步沦为半殖民地半封建社会，中国人民也遭受了深重的苦难。一系列市政活动的结果，使租界成为西洋居住文化的综合载体。又因国人对外国人习称洋人，对舶来品习惯冠以“洋”字，如洋房、洋车、洋布、洋灯、洋油、洋钉等。故对洋人聚居的租界称“洋场”。“洋场”怎么会被称为“十里”？有几种说法，一种说法是指初期租界方圆为“十里”，也有说是租界直径为“十里”，故名。其实随着洋人在租界的不断越界筑路，实际上远远超过了“十里”范围，但“十里”之称依存，“十里洋场”成了一个

约定俗成的词语。

从城市空间上看，十里洋场的范围大致包括了当年上海自外滩向西延伸的南京东路和南京西路的“公共租界”；也包括另外两条东西向的福煦路（今延安中路）和霞飞路（今淮海路）的“法租界”。而这三条马路周围的繁华地区，后来被人们统称为“十里洋场”。在“十里洋场”出现以后，上海被割裂成两个城市空间——即以租界为中心的现代空间和以旧县城为中心的传统空间，两个城区虽然毗邻相接，但又相距遥远，对比反差鲜明。秦荣光《上海县竹枝词》所云：“出北城趋新北门，洋场景别一乾坤。洋泾浜至头摆渡，商务兴隆铺户繁。”难怪那个年代的绅士李平书也愤愤不平地说道：“文明者，

▲ 上海公共租界工部局大楼始建于 1914 年，1922 年 11 月 16 日正式建成并投入使用

▲ 清末上海公馆马路（金陵东路）法国驻沪领事馆大楼

▲ 南京路山西路一带的情形

租界之外象，内地则黯然也……通商以来，‘上海！上海！’其名震人耳目者，租界也，非内地也；商埠也，非县治也。岂非所谓喧宾夺主耶？抑非所谓相形见丑耶？”

割裂和反差，其实只是“十里洋场”城市景观的一个方面，现代西方城市文明对华界的传统和城镇文明形成了有形和无形的压力。1853年9月，受太平天国影响，上海爆发小刀会起义，大批华人涌入租界，几个月时间，租界里便已建造供华人居住的房屋800所，租界由华洋分居一变而为华洋杂居，这就形成了“杂糅”的城市空间。上海居民遭遇突如其来的战乱，自发突破华洋分处的藩篱，使得租界成为华洋混处的共同空间。1854年7月11日，上海英法租界联合组建独立的市政机构“上海工部局”，建立警察武装，正式形成第一个真正意义上的租界——国中之国。1862年，法租界退出联合，自设公董局。1863年9月，英国和美国在上海的租界正式合并为公共租界，统一由工部局（Shanghai Municipal Council）管理。1899年5月，公共租界大规模扩张，面积达到33 503亩（22平方千米）。租界在短期内激增了大量游资和廉价劳动力，租界的经济和市政建设得到较快的发展。同时，租界不受中国政府约束，而西方的先进技术和生活方式也最先传入租界，于是租界内形成了一种与中国传统不同的生活方式。在这种压力下，传统上海县治的主政者，万般无奈之下，也开始逐步对租界城市建设和市政制度进行仿效、模仿甚至移植。

▲ 外滩德国总会大楼老明信片。第一次世界大战之后，该大楼作为敌产被没收。1937 年，大楼被拆除

▲ 哈同花园中老洋房的冬日雪景

西域移来不夜城

——洋房别墅

早在清道光二十四年（1844）开始，外滩就是英租界最早开发的地域，这条沿着黄浦江岸边、长约1 200米的狭长地带，有着20余栋西式建筑，聚集了各式洋行、银行、高档饭店和会所俱乐部，有着上海最迷人的夜景和最动人的传奇，也是整个上海近现代城市发展的起点。到20世纪二三十年代，上海所建洋楼达于巅峰。1929年的上海外滩，已经到处是高楼大厦了。

引人注目的还有各种独院式别墅与花园洋房。如占地5 000多平方米的马勒别墅，花园面积近2 000平方米。主建筑为三层斯堪的纳维亚式挪威风格建筑，宛如童话世界里的城堡；位于华山路上的丁香花园，是上海滩最负盛名、保存最为完好的老洋房之一；太原路上的太原别墅环境幽雅；位于上海宝庆路3号，曾是“染料大王”周宗良的宅邸；新闸路1124弄9号曾是海上名门望族盛家的产业，也是电影明星阮玲玉的故居；位于常德路195号林登公寓，原为意大利房产，居住者多为社会中上层人士。著名的女作家张爱玲曾经在这幢楼居住过；位于上海陕西北路上的百年老宅荣宅，是中国实业家荣宗敬于1918年购入的家宅，从建成后就被称为上海最为高雅的花园洋房之一；“罗别根花园”曾经是到上海最早的外国冒险家沙逊的私人别

▲ 马勒别墅是一栋欧式建筑。马勒虽是英籍犹太人，但他在中国发迹，所以在别墅设计上融入了一些中国元素

墅，属典型的英国古典式乡村别墅风格……

洋房别墅是一种和中国传统民居在材料、结构、布局、造型等各方面完全不同的住宅形式，这种西方的居住文化，与体现中国传统家庭庭院式平面布局的风格形成鲜明对照，其院落空间和建筑关系不是很紧密。可以说是可有可无，可大可小。而其居住空间一般对外开放的也仅有客厅等空间，即使对家庭成员来说，各自的空间也是比较封闭的。主要房间通风、采光良好，设有火墙、壁炉。房屋构造多为砖石承重，木屋架，铁皮屋面。

《申报》登载了“鸳湖隐名氏”《洋场竹枝词》，其中有一首咏道：“西域移来不夜城，自来火较月光明。居人不信金吾禁，路上徘徊听五更。”这里的“西域”不是地理意义上的名词，而是指西方。西方先进的物质文明和迥异的生活方式，通过租界迅速渗透到上海的每个角落，进而改变着上海的社会风气。开埠后，租界内来自英、美、法等国的商务人士主导上海的商业文化，很多规则都是他们从欧美照搬过来的，西方的经济制度和经营方式得以引进到上海，引起了上海社会文化的骚动，产生了一系列别开生面的文化效应，倒是值得上海租界研究者细细咀嚼的。

▲ 1917—1935 年，德和洋行大班乔治·约翰逊宅邸，位于上海海格路（今华山路）727 号的别墅，即今兴国宾馆 7 号楼

▲ 民国时期坐落上海福开森路（今武康路）99 号原正广和洋行大班花园洋房

▲ 民国时期上海嘉道理公馆，坐落大西路（今延安西路）64 号

▲ 1937 年，上海法租界精致的现代公寓建筑

玻璃四面闻玲珑

——公寓住宅

晚清佚名作《续刊上海竹枝词》，其中一首云：“玻璃四面闻玲珑，铁柱中空气可通。玉镜银瓶相对设，恍疑身在水仙宫。”虽然说的是外白渡桥附近的玻璃房，还没有形成“公寓”。其实，这句诗也说出了滨水人文生活的惬意，生活在都会，需要一种都市生活与自然共生的理想生活状态。而公寓是最适应这种状态的居所。

“公寓”是个舶来品，意谓“公共寓所”，近代之前的中国住宅没有这个概念。《中国大百科全书》“建筑卷”解释：“在一幢建筑内有多个居住单元，供多户居住的住宅……多户住宅内住户一般使用公共走廊和楼梯、电梯。”一言以蔽之，公寓与单幢别墅居所不同，它是和单门独户的庭院式相对应的居所。再说那时也没有成熟稳定的物业公司，只能对住户提供一些简单的服务。

公寓的出现是与城市人口的迅猛增加相伴随的，大量建造公寓就是为了缓解城市的住房压力。上海近代的公寓建筑，包括“里弄公寓”与“楼房公寓”两种主要形式。对民国时期“公寓”的理解，不能光看名号，还要分析其内容。倘若借用西方人的定义，公寓又可细分为联排公寓（Town House）、单元公寓屋（Condo）、股东屋（Co-Op）和出租屋（Apartment），涉及公寓大楼的产权、股权和使用权之类，细细辨析，名堂蛮复杂的。

▲ 1929 年，上海华懋公寓落成，今锦江饭店老楼

▲ 1936 年，达华公寓竣工留影

上海开埠两年后，1845年《上海土地章程》签订，晚清政府被迫允许划定“租界”以供外国人进行商业、宗教等活动。此后，随着华洋分居直接向华洋杂居的转变，洋场人口剧增。邹依仁《旧上海人口变迁的研究》载，1865年上海租界内人口数达15万人，占上海总人口的21.5%。此后大量人口涌入上海。人来了，总得有房子居住，导致上海大量房屋迅速建造了出来。1853年9月至1854年7月间，在广东路和福建路一带，就建造了800多栋以出租营利为日的的木板简屋。这些为出租营利而建造的木板简屋，应该就是上海近代公寓的前身。后来大批石库门建筑（里弄式）又取代了先前的木板简屋建筑，成为早期房地产公寓经营的最主要的内容，并且延续了较长一段时间。

“公寓”在20世纪30年代得到盛行，这种为租而建的房屋，一般小职员和工薪阶层也住不起，能够租下居住的大抵是有一定地位的社会名流。华山路上的“枕流公寓”（Brookside Apartments），原是英资泰兴银行大班于1900年建造的花园住宅，不久便被李鸿章家族购得，由李鸿章三儿子李经迈经营。李经迈请了美国哈沙德洋行设计，建成地上7层的公寓大楼，其地下有1层，1931年建成。堪称一流的公寓住宅建筑。电影明星周璇从1932年起一直居住于此直至1957年去世。期间周璇虽1948年去过香港，在港停留约3年，1951年起她从香港返回上海，主要居住在枕流公寓。这套居室装修考究而华丽，钢窗、檀木地板均为西班牙式样。

在上海，公寓因其拥有便利的生活条件、相对独立的生活空间，以及代表了一种摩登的生活方式，故而受到很多知识分子和文人的追捧。上海是张爱玲出生、成长、文学起步，以至最终成名的地方。在上海生活的30多年里，她住过独栋洋房，也住过石库门房子，但她最喜欢的还是住公寓。她在《公寓生活记趣》里说："公寓是最合理想的逃世的地方……在乡下多买半斤腊肉便要引起许多闲言闲语，而在公寓房子的最上层，你就是站在窗前换衣服也不妨事！"她曾将自己小说的一些场景设定在公寓中，"这是1943年的上海，这一年，太平洋战争正如火如荼地进行着，将上海变成了一座孤岛，风雨飘摇之中，有惊悸、有伤痛、有反抗、有激奋、也有沉默，而公寓洋房和石库门亭子间灶披间的日常生活似乎仍是安静恬静的家庭生活"。在她的笔下的公寓，似乎是一个可以屏蔽掉一切外界喧嚣，而专注于个

▲ 20 世纪 30 年代，上海的公寓式建筑

▲ 据说此为著名作家张爱玲所住公寓房间，房间内张爱玲的姑姑张茂渊正在看书

人生活本身的地方。在脱离了熟人社会的各种纠缠与羁绊后，公寓第一次带给了人们进退自如的从容生活。这里既可以感受都市的热闹，也能随时参与其中。站在公寓的阳台上，“晚烟里，上海的边疆微微起伏，虽没有山也像是层峦叠嶂。我想到许多人的命运，连我在内的，有一种郁郁苍苍的身世之感”。看得出，张爱玲对上海公寓生活，是喜爱的。

弄堂房子石库门

——石库之门

早期上海人的住房，其实与它所毗连的江浙一带的老屋，并无区别。19世纪下半叶，由于租界人口激增，一些洋商抓住商机，采用伦敦联排式布局，并以“里”作为名称，大量营建两至三层的木制联排房屋出租给中国人，这成为上海石库门房子的最早雏形。1870年后，简易的木制房因消防与安全存在隐患，难以为继。当时的设计师

▲ 20 世纪 20 年代，上海石库门民居，砖墙，有路灯照明

▲ 20 世纪 30 年代，石库门民居前用砖铺设的路面

▲ 新式石库门里弄外形别致整齐，装修精致舒适，室外弄道宽敞，居住条件已明显优于早期的老式石库门

把江南地区对称、规整、以天井为核心的厅堂式传统民居与欧洲联排布局相结合，将木制房改造成砖木结构，形成了石库门里弄最初的形式，史称“老式石库门”。到20世纪20年代后，虹口北四川路一带开始出现一批以青红砖和清水墙为外墙，设有阳台的新式里弄住宅，并很快在租界普及开来。这种里弄住宅更能体现江南民居特色，结合西洋建筑的构造，又节省土地，也是中西折中形式的屋舍与里弄，遂成为上海里弄住宅的两大主流。其两侧分别为东、西后厢房，一般为佣人的住所；在客堂和后天井之间为楼梯；客堂的上面为楼客堂，一般为户主的卧室；其两侧为东、西楼厢房；灶间的楼上分别为亭子间和晒台。到30年代后，由于上海住宅紧张，部分房东将空余的房间转租给他人，原设计为一户（或一族）居住的住宅基本停止建造，又出现了一批“新式石库门”。到40年代末，石库门里弄占上海市区全部住宅面积的60%以上。

过去有人解释石库门是因为“其门框用石块砌成，结构类似旧式仓库”而得名。这种说法未免有点牵强附会，实际上石库门民居与旧式仓库并无相似之处。石库门可能是“石箍门”之讹写，上海方言把紧束物件的框或圈称为“箍”，由于该建筑的大门一律用长石条为“箍”而被称为“石箍门”，其风格为中西合璧，成为上海近代史上一个独特的时代产物。石库门是上海弄堂建筑中极富特色的部分，“石库门弄堂”也由此得名，上海人说：“弄堂房子石库门，天井客堂亭子间。”也许这14个字，最能概括出上海石库门文化的地域特色。

石库门既不像花园洋房那样有贵族气派，也不像公寓式房屋那样有小资情调，但也不像棚户区那样的穷酸寒碜。它的主人既不像花园洋房主人那样奴仆成群，也不像公寓里住着的那么自命不凡，更不必像棚户区的住户事必躬亲，自己拎着水桶去提水，或者清晨自己去倒马桶。他们中的大多数人，勤勉地过生活，收入也还尚可，一年衣食有余，拥有一个当杂的娘姨。尚温饱，讲体面，虽算不上大户，但有份不错的职业，收入也说得过去，石库门民居正好适应了城市里这个阶层的需求，既一家一户不失身份体面，又空间紧凑经济实惠，不事铺张。

亭子间是石库门住宅中灶披间上面、晒台下面的房间的称谓，是石库门住宅内最差的房间，与传统园林中的亭子相近而被称为“亭子间”。旧上海许多人家租赁石库门住宅，楼下的客堂一般为会客兼用餐，楼上客堂作卧室，于是只剩下亭子间作书房和工作室，当年鲁迅先生的《且介亭杂文》中的“且介”即“租界”之省笔，“且介”两字，源自“租”和“界”两字。1933年起，鲁迅寓居上海北四川路

▲ 20 世纪 30 年代，石库门房子屋顶鸟瞰

▲ 上海石库门房子门楣上的雕花装饰

底的越界筑路区域，属于“半租界”性质。30年代之后，上海的住宅日趋紧张，一幢石库门内有多户居住，亭子间的住户大多为收入微薄的劳动人民，于是社会上出现了书名为《亭子间嫂嫂》《亭子间阿姨》之类的读物，以后这类书即被叫作“亭子间文学”。

亭子间的出现，也使人们明白，石库门原来还有着更充分更自由地运用切割空间的可能性。于是，石库门在维持它外部形制的同时，内部空间慢慢地解体了。从一家一户到一家几户，最后又发展到几家几户同住一号石库门。承包人俗称“二房东”，为了获取利润，毫不客气地将大房间隔开，让更多的人住进来。这样，石库门就开始了其内部结构仿照亭子间格式，不断被切割的过程。在不断的亭子间化中，方方的天井住进了新婚夫妻或者移作了厨房。宽敞的客堂中间竖起了一道板壁，常常是或父子或兄弟，两对夫妻相安无事共处在一个屋檐下。每到黄昏则一家独用的厨房又奏起了72家房客的锅碗瓢盆交响乐。石库门曾经拥有的宽敞、温馨和诗意，荡然无存。

此间饶有山林气

——城市山林

江南的园林，以苏州园林为代表，堪称人间天堂，“此间饶有山林气”，我们的祖先也安息在这片山林之中。给了我们“一山一川皆

▲ 民国初期的苏州园林之留园景观

乡韵，草木田溪处处景”的文化享受。园林，在历史进程中，因内容和形式的不同而有过不同的名称。如上古的殷周时期，以畜养禽兽供狩猎和游赏的境域称为“囿”和“猎苑”，秦汉时期供帝王游憩的地方称为“苑”或“宫苑”；属官署或私人的称为园、园池、宅园、别业等。大约在西晋以后的诗文中出现了“园林”一词，如西晋张翰《杂诗》“暮春和气应，白日照园林”；北魏杨衒之《洛阳伽蓝记》评述司农张伦的住宅时说：“园林山池之美，诸王莫及。”到唐宋以后，“园林”一词的应用更加广泛，常用以泛指以上各种游玩和憩息的场所。

唐代以前的园林与宋代以后的园林有些区别，唐代与宋代之间，主要是五代十国时期，此阶段处于唐宋的过渡阶段，既继承了唐代的恢宏气象，又孕育了宋代园林文人化、精致化趋势，有承前启后的特点。宋代以后的园林，一般都是如明代造园大师计成所总结的“虽由人作，宛自天开”的样式，虽是人工创造的艺术，但其呈现的景色必须真实，好像是天然造化生成的一般，强调园林构造应顺应自然，将人为美融入自然，构成大自然的一部分。

明末苏州学者文震亨著《长物志》，卷首曰：“吾侪纵不能栖岩止谷，追绮园之踪；而混迹尘世，要须门庭雅洁，室庐清靓。亭台具旷士之怀，斋阁有幽人之致。又当种佳木怪箨，陈金石图书。令居之者忘老，寓之者忘归，游之者忘倦……”这段话道出了园林肇始的最初动因。历来中国人“独善其身”的方法就是隐退，退到哪里？居址的选择很重要，文震亨说：“居山水间者为上，村居次之，郊居者又次之。”实际在文震亨之前或之后，与他具有同样想法的人很多。他们在山水间结庐，在村落中造园，明清之后更多的人是在城里造园，叠山理水，形成城市山林的园林格局。

北宋元丰七年（1084），学者朱长文撰《吴郡图经续记》三卷，卷下不称“园林”而称“园第”，且专门选取和介绍宋代以前的“园第”。南宋范成大晚年撰《吴郡志》，第一次在志中设立了“园亭”一卷，专门介绍姑苏“园亭”，所记更多的是宋代的园林，故而很有点与时俱进。可见，宋人以叠山、理水、建筑、花木为四大造园要素，运用已趋于成熟，园主模山范水，运用宋画中写意山水手法，在园中营造山林意境，呈现出“景趣质野，若在岩谷”的效果。《吴郡志》已经比较注重假山的堆叠与池水的布局，并讲究两者间的呼应联动。书中还特别提到了当时园林中使用太湖石堆叠的史实，如写到沧浪亭时就云：“发其下，皆嵌空大石。”或凿池引水，或借景江湖。

▲ 20 世纪 30 年代，坚毅游轮环球之旅专职摄影师在中国站拍摄的上海古典花园庭院园林

▲ 1918 年，邑绅姚伯鸿租借土地，在沈家花园北面兴建的以水景为主的半淞园

城市山林就是于喧嚣的城市生活中，寻找一种宁静；在车水马龙间，寻找一种野趣。在明代的士人心中，城市就是山林。在

他们心目中，城市山林，一半是人为，一半是天然。文徵明《拙政园三十一景》，便是参照友人王献臣拙政园中的景物所绘。其中“槐幄”一景，几棵槐树，枝叶交密的树冠如同一片繁荫，士人盘坐冠盖之下，就像坐在一个亭子里。很简单的树亭，但有一种野趣，一半人力为之，一半顺乎天然。

民国初年上海南市建造的半淞园，有首竹枝词描写道：“半亩松篁绕画堂，潺潺流水日浮香。此间饶有山林气，胜似寻常游戏场。”“水成培塿水无源，小筑亭台绕短垣。沪上难寻山水胜，清幽且入半淞园。”半淞园建于1918年，南临黄浦江，风景绝佳。因水域面积过半，故取杜甫诗“剪去吴淞半江水”句为名。园内大岛、环岛河、大假山皆为人工开凿，故竹枝词说“水成培塿水无源”。所谓“培塿”，就是人工堆积的小山丘。园内布置有江上草堂、枕流轩、

▲ 1887 年，位于天潼路 814 弄的徐园正式对外开放

▲ 建于明代保存至今的豫园假山，本图为民国初年的景致

碧梧轩、藕香榭、水风亭、群芳圃等景点，还有龙舟竞赛、骑驴、桌球、戏曲与赏花等活动，中西餐饮亦一应俱全，“此间饶有山林气，胜似寻常游戏场”，说的就是这种场景。可惜的是，好花不常开，好景不常在，这座有山林野趣的半淞园存在了不到20年，毁于日寇侵略的炮火。如今只留下了一条路名，成为上海人的念想。

江上花枝处处同

——且说申园

江南的园林，例如苏杭的一些私家园林，大体可以归为“文人写意山水派园林”一类，上海早期的园林也属于这一类。因坐落于繁华都市，又是移缩模拟自然山河的“壶中天地”，是园主身居闹市而得片刻清静的佳所，因此都显得封闭小巧，而又有给园主冥想的静观功能，可以给人一种与世隔绝的情态。现在去看江南的一些古典园林，大体离不开这些特征。

然而上海开埠后，情况出现了很大的不同，西学东渐，旧有的封建制度日趋瓦解。在新经济环境中，城市商业经济繁荣，催生出新式地主、买办和商人阶层。社会环境和社会结构的颠覆性变化，使园林受众发生改变，延续千年的传统园林在近代西方文化的强烈冲击下受到撼动，静心退思和与世隔绝的界线逐渐模糊了。

基于优越的地理位置和相对发达的经济商贸环境，特别是开埠较早的历史渊源，促使当时的上海有条件发生创新与改变。在19世纪八九十年代的上海，曾经掀起了一股营造经营性私园的热潮，什么叫“经营性私园”？说白了就是造园的目的，图的是卖个好价钱。清末《点石斋画报》所绘“申园”，是1882年建造的，也可以说是上海最早的经营性私家园林，具体的历史资料已经难以寻觅。现在只知道是由当时的房产商公一马房业主集资而建，占地12亩，地点就在静安寺旁边。

据点石斋画报所刊《申江胜景图》对申园的描绘，其主楼为外廊式的类歇山顶两层建筑，这已经是传统园林庭院式建筑中所未见，建筑者很可能是受到了当时的租界区西人建造的外廊式公共建筑风格的

▲ 清末《点石斋画报》中的“申园”

▲ 清末民初沪西私家园林“小万柳堂”旧景，该园位于吴淞江南岸

▲ 民国时期杭州西湖畔的西湖园林

影响。狭窄、封闭的建筑形式显然不能适应商品经营的广阔空间，外廊式的类歇山顶两层建筑形式，可以为经营性私家园林赢得更大的室内空间容量。申园的基本格调和室内陈设以及园林区域，大体是中式为主的基调，也杂糅了西式洋房与中式园林的混搭风，成为当时经营性园林的空间特色，与传统的私家园林、邑庙园林的空间格局已经大相径庭了。

上海的古典园林，几乎很少具有江南其他古典园林那样高度致密的文化框架。一些开明商人，采用西人集资造园的办法，投资入股，建造了兼具公园、游乐场、餐饮等多种功能的申园。修筑完成，隆重开业，还是要吸引市民的参与与观光。

造个园子是为了适应现代娱乐场所的公共性，成为盈利的手段，至于传统私园的私密性和封闭性，就不在考虑的首选之列了。指导思想不同，手段就很不一样，园林形式就要发生一系列的嬗变，恰似明初上海诗人袁凯《江上看花竹枝词》所述：“吴松江上好春风，江上花枝处处同”，公园的雏形也就出现了。

申园开放不久，就取得很大的成功，获利丰厚。商人逐利，正是文明发展的重要动力之一。当时上海滩许多商人群起仿效。随着申园的建成与营业，可能还不到10年，各种经营性园林如张园、徐园、愚园、大花园、西园等纷纷建成开张，在上海异军突起，上海三大私家名园张园、愚园和徐园名列前三。1890年创立的愚园，求新求异的造园要素在园林建筑营造上，有别于传统私园建筑有法而无式、迁回曲折、参差错落的灵动机变，经营性私园因集会功能与游艺功能的需要，一反传统亭台楼阁唱主角的建筑布局，将大体量的西式建筑物引入园内，成为“点睛之笔”。

这些私人集资修建的园林花木扶疏，山水相映，楼堂耸立，游乐餐饮设施及服务都达到了当时的最高水平。营业性私园面向大众开放，不分种族、性别、地域和职业，人人皆可入内，使中国人终于有了自己建造的“公园”。

1930年，上海市政府成立，市政联席会议通过指导性文件，将园林等空地的配置和管理，纳入到了市中心区域建设规划中。与此同时，上海群众绿化活动和园林花木业的发展也逐渐纳入发展的轨道，进入一个新的阶段，在中国城市公园史上也留下了浓墨重彩的一笔。

▲ 清末上海周边古代园林游园场所的老明信片

▲ 清末上海的私家花园张园远景

海天胜景让张园
——公共空间

1909年春，精武体操会霍元甲与英国大力士奥皮音约定擂台比武，地点就放在“张氏味莼园”，又称“张家花园”，简称“张园”。最终狡猾的奥皮音爽约，消息在上海不胫而走，让上海市民看透了这个西方大力士色厉内荏的嘴脸，一时成为人们茶余饭后的谈资。张园是晚清上海向社会开放的最早最大的私家花园，号称“海上第一名园”，曾以众多“第一”引领了上海滩的西式生活风尚。在20世纪初，张园成为了集会演说的公共空间，对上海各界都有很大的吸引力。酝酿革命，筹划组织，讨论自治，甚至上海人公民意识的逐渐形成都与张园有一定的关系。

与张园同时存在的有许多花园，如古老的豫园，新辟的徐园、愚园和南市西园以及汇山公园、司德兰园、胶州公园等沪上名园，正如颐安主人《沪江商业市景词》一首竹枝词所描：“海天胜景让张园，宝马香车日集门。客到品花还斗酒，戏楼箫鼓又声喧。”张园从

1885年开放以来的20多年中，已不再是幽静的私家园林，而是成为当时上海最大公共活动场所，集花园、茶馆、饭店、书场、剧院、会堂、照相馆、展览馆、体育场、游乐场等多种功能于一体的游乐场所。

张园位于今南京西路以南，石门一路以西的泰兴路南端，其地本为农田，1878年由英国商人格龙营造为园。1882年8月16日，中国商人张叔和从和记洋行购得此园，总面积21亩，张叔和又对该园多次整修。1892年，张叔和在园中建造了一幢高大宏伟的洋房，以英文Arcadia Hall命名，意为“世外桃源”，中文名则取其谐音称“安凯第”。当时报刊上刊发张叔和自己的话：“始为另筑一园于白大桥下，以专供华人之游憩，惜拓地少隘，殊不足以大畅襟怀也。于是就本园林之西南隅，启建楼宇一区，题曰‘海天胜处’，既堪品茗，复可开樽，且割楼之西半隅为歌舞之所，日有都知录事前来奏技，清歌一出，舞袖群飞，顾而乐之，足令人流连忘返。”安凯第的底楼大厅可容纳上千人集会宴客，里面设置了舞厅，西餐厅还供应西餐、茶点。据说当年外地人来沪，张园之茶和四马路之酒是一定要吃的。到1894年，全园面积近70亩，为上海私家园林之最，成为清末民初上

▲ 民国时期张园的娱乐设施“激流勇进”

▲ 民国初年上海张园之景色

海市民最大的公共活动空间。

张园也是那个时代上海的“时尚名所”。1886年10月6日，张园试燃电灯。那天夜晚，张园内电灯数十盏，遍布于林木间及轩下室内，高高下下，错落有致，园中各处，纤毫毕露，让从未看到过电灯为何物的游园人惊诧不已，叹为奇观。1909年，中国品物陈列所（俗称“赛珍会”）从四马路迁入张园，张园又成为物品展销的地方。不仅第一盏电灯，还有第一辆自行车、第一个室外照相馆、上演的第一场话剧，均在此登场亮相，也曾为历史上的革命志士提供重要的活动场所。

历史学家熊月之先生根据《申报》《中外日报》《时报》及《近代上海大事记》等资料统计，从1897年12月到1913年4月，张园举行的较大的集会有39起。许多名士如章炳麟、吴敬恒、蔡元培等都在张园发表过演讲。参与者有政、商、学界各种不同背景的人士，不分革命、改良，不问激进、保守，这是名副其实的公共场所。

张园这一公共空间的形成，与上海特殊的政治环境密切相关。租界既是中国领土又不受中国政府直接管辖，这个特点使得中国大一统的政治局面出现一道缝隙。许多商界、文化界、媒体界以及富家子弟等都爱去张园，如汪康年、梁启超、蔡元培、严复、辜鸿铭、盛宣怀、章太炎、吴稚晖等。这些人控制着上海的各大报纸和出版机构，主持着南洋公学、爱国学社、复旦公学等事务，领导着中国教育会等组织。他们构成了当时上海社会的精英阶层，影响着社会舆论。

▲ 清末民初时上海张园的大门

▲ 1909 年的张园打擂，日本大力士前来挑战，结果败于霍元甲弟子手下，此事轰动上海

张园鼎盛于1893年至1909年以前。1909年，哈同花园建成，虽不完全对外开放，但吸引了不少文人雅士、达官贵人。民国以后，张园经营每况愈下，此后，随着新世界、大世界次第兴起，地段、设施、经营手段均略胜一筹，张园更形衰落，1918年终于停办。十几年后，此地易为民居，建筑亦多被毁。

▲ 19 世纪 80 年代，北京路外滩的煤气灯

电灯地火照更深

——照明设施

上海开埠之前，不要说室外，就是民众的室内照明，主要还是以豆油或菜籽油为主要燃料的油灯，以棉纱线或灯芯草引之点燃，微弱的灯光，光荧暗淡如豆，一点也经不起风的吹动；去室外活动，就得提着灯笼，内燃蜡烛，大户人家或可将灯笼张挂在屋檐下，帮助人们度过漫漫长夜。

上海开埠，洋人进入上海后，他们带来的西物中，也只是火油灯，上海人俗称煤油灯或洋油灯。同样大小的灯头，其亮度为中式豆油灯的四至五倍，加上灯头套上玻璃罩，移动时，也不会被风吹熄。因此使用范围广泛，价格也较实惠，那时一斤菜籽油钱可买二斤火油。到19世纪50年代中期，上海点火油的用户骤增，也出现了五六家专门制造、出售玻璃火油灯的店铺，进口火油的销售量也与日俱增。自点用火油灯这种舶来品后，稍有失察或不慎，常常引起火灾。为此，1852年3月，上海道台刘瑞芬就专门颁发《禁用火油灯

▲ 20 世纪 30 年代，上海电力工人在街头为路灯更换电灯泡

告示》，张贴于街头巷弄，明令自告示之后，居民“不准再用火油灯”，倘有不知自爱，仍用火油灯者，“定即从严拿办”，这一纸禁令很是可笑，遭到不少有识之士的抵制和驳斥。

到19世纪60年代，上海照明步入煤气灯的发展阶段。第一家煤气公司大英自来火房于1864年3月开张。紧接着，南京路高易洋行等开始试用煤气灯，这也是在上海街头的首盏煤气灯，引起了许多市民的好奇和惊讶。

▲ 20 世纪 30 年代，上海既济水电公司工人安装电表

▲ 20 世纪初，南京路上的电灯，上为即将淘汰的弧光灯，下为正准备安装的新式白炽灯

煤气灯虽然号称“赛月亮”，但一般上海市民还是不明就里。有人见煤气从地下管道冒出来，以为“地火盛行”，不敢光脚在煤气厂周围行走，有人特制高底鞋套在脚上，出门时壮胆。《续沪北竹枝词》说：“洋泾风景尽堪夸，到处笙歌到处花。地火荧荧天不夜，秦淮怎敌此繁华？”随着煤气事业的迅猛发展，煤气灯不仅照亮了马路、商店、教堂、学校、剧场、公园，也使人们的夜生活更加激情和浪漫。晚清佚名《续刊上海竹枝词》之《洋场杂咏》也吟道：“街中地火不堪描，仿佛银花火树摇。一到晚来灯百盏，教人错认是元宵。”新式的光明照耀夜空，给予人们的是何等奇异的冲击力。

真正使上海能够使用电力照明的，是电灯的使用。1882年，英国人立德禄等发起在南京路、江西路转角创办了中国第一家发电厂。在电厂围墙内竖起第一根电灯杆，并沿外滩到虹口招商局码头立杆架线，串接15盏弧光灯。同年7月26日下午7时，电厂开始供电，弧光灯光焰夺目，成百上千市民带着惊喜又新奇的心情聚集围观。清末《上海杂记》记述当时的情形：“黄浦滩一带，及大马路、四、五马路繁盛处十字街头，皆矗立高柱，装电气

▲ 19 世纪下半叶，上海马路上的煤气路灯

灯，照耀如一轮明月，戏院中亦用此灯。”

电灯的出现，自然是煤气灯无可比拟的，其优越性被越来越多的中外人士认识。这种情景也启迪了老县城里的一众官员，1897年，上海道台蔡钧和知县黄爱棠商议“参照租界办法创设电灯”，拨库银4 000两，向英商怡和洋行租借一台蒸汽发电机，当年在十六铺老太平码头空地上创办南市电灯厂。1898年1月21日（除夕）晚上试灯，黄爱棠率官员前往观看，但见“电光大放，九衢四达，几疑朗月高悬”。次日晚，从老太平码头至公义码头沿浦滩30盏琉璃路灯一起放亮。

电灯给上海带来了光明，当时有竹枝词云：“电灯地火照更深，海市居然不夜城。四达通衢同白昼，红男绿女逐宵行。”路灯给晚清国人带来了巨大的便利，引发无数吟咏与赞美，《申报》上的竹枝词与各种上海旅游书中有许多关于“灯”的文字。这些描述刻画了租界各条马路上电气灯分布的情形，它们在戏园等公共游乐空间的夜间演出中扮演最关键的角色，成为代表城市文明的文化符号。

棚户星罗铁路边
——棚户简屋

也要说说开埠之后上海的棚户简屋，由于大批农民进城，形成了20世纪初最大的移民潮。他们身无分文，购置不起房子，只能搭建简易的棚子，这就形成了城市里大片棚户区的出现，“茅屋深藏人不见”，特别是苏州河北岸潘家湾、潭子湾有名的“滚地龙”棚户。那里曾住着各种身份的杂居人口，人口密度高，住宅环境如同迷宫一般，生活条件极其恶劣和困苦。1915年有个叫罗汉的官员，有感于此写了一首《棚户》的竹枝词：“棚户星罗铁路边，矮如穹幕小如

▲ 1937 年，战争废墟上形成大片难民聚居的棚户区和贫民窟

船。无情最怕星星火，长物无多倍可怜。”这首竹枝词展现出居住在大城市棚户区民众艰难的处境。

1843年底，黄浦江两岸陆续建造了不少码头。与此同时，在各码头附近也出现了最早的一批棚户，居民大多是附近码头上扛大包的无产者。帝国主义在从事经济掠夺的同时，也造就了上海的第一代产业工人，自然也造成了最早的棚户区的出现。上海杨树浦路、平凉路一带的棚户区形成时间较早，在19世纪后期，这里的码头和工厂附近已散建了不少棚户，但还没有连成一片。到20世纪20年代，杨树浦地区外国资本家开设的码头、工厂日渐增多，越来越多的工人在附近空地上搭建棚屋，逐渐连成一片，形成了租界内最大的棚户区。据公共租界工部局1925年统计，公共租界内有棚屋2 000间左右，半数

▲ 1937 年，上海棚户区的老妇人靠分拣煤核为生

▲ 民国时期，难民与穷人在肇嘉浜河道边搭棚子作为居住之所

▲ 1947 年 12 月，上海肇嘉浜边上的棚户，在河边贫民窟晾晒衣服的女人

以上集中在杨树浦路、平凉路一带。这些棚户因其位于公共租界内，租界当局几次以“有碍观瞻”为由，予以取缔，但遭到了居民的激烈反对，结果只能不了了之。

1925年11月，工部局派出了武装巡捕，强令杨树浦路、平凉路一带的棚户居民搬出租界。武装巡捕不顾棚户居民反对，强行拆除、拉毁了一大片草棚。但是不出24小时，原地又搭建起新的棚屋，有的地方是白天你拆，晚上我搭，使租界当局无计可施。这样的取缔和反取缔的斗争，一直持续到太平洋战争爆发以后，日军强占租界方才告终。随着资本输出的需要，列强各国纷纷在上海开设工厂，中国的民族工业也有了·定程度的发展，于是在工业区附近的荒地、废墟、坟场、垃圾场上，形形色色的棚户区越来越多。

“一二八”“八一三”两次事变，日本帝国主义在上海野蛮烧杀，闸北、虹口、南市等地大量民房被毁，尤其是1937年，日军大肆轰炸，使闸北遭到严重破坏，房屋在战火中被毁十去八九。大批流离失所的难民纷纷涌入各棚户区，分布在繁华市区的边缘，散落在闸北、普陀、长宁、徐家汇、卢家湾、嵩山、蓬莱、邑庙、浦东、提篮桥、榆林、杨树浦等地域，形成了对市区密密层层的包围圈。在旧上海形成的棚户区中，不仅有闸北的蕃瓜弄、沪东的杨树浦路、平凉路棚户区和朱家湾、潭子湾、潘家湾以及药水弄这“三湾一弄”等，而且有沪西苏州河北岸的东新村，虹口的虹镇老街，徐家汇的北村、市民村棚户区以及闸北的苏家巷，以及最大的水上棚户区肇嘉浜等处。这些棚户区被讥为“繁华上海的黑斑点”，既是严重的社会问题，也是对市政当局治理能力的一大挑战。

▲ 20 世纪 40 年代，江苏南京城外的棚户区与茅草房

棚户区蔓延，导致一般里弄房子也好不到哪里去，郁慕侠《上海鳞爪》所记“鸽笼式之房屋”（一）说：“全沪人口虽有三百数十万人之多，倘使分析言之，无产阶级的穷小子倒占去了十分之七八。以故关于衣、食、住的‘住’字问题，除去有产阶级自己盖造了高楼大厦和欧式洋房外，大多数均租房住宿。如果租赁一幢或两幢房子独家居住，已经是很不多见。大概租了房子，因租费昂贵，力难独居，都自己添加几只搁（阁）楼和屋顶房间，然后另召房客分居，俾可在租费上减轻一些负担。故往往只有一幢房子，多有四五家或七八家房客同居的。屋窄人稠，闹得乌烟瘴气，也不遑顾及了，原因总为经济的逼迫关系而无可如何之事。”人们对这种屋窄人稠的房子加了一个“尊号”，叫“鸽子笼”，可谓形容尽致，让人感慨颇深。

第五章

城市基础设施的缓慢更新

1927年至1937年这段历史时期曾经被许多历史学者誉为“黄金十年”。不论怎样评价，作为全国社会经济最为发达的江南地区，从都城南京到经济发达的上海，一大批新式的市政建设项目正在逐步展开，除公共交通道路、桥梁、驳岸、下水道的建设外，还涉及路灯、供水、环境绿化、清洁管理等公用事业。繁杂的市政建设的主要目标，在经济、交通、卫生与美观四大方面，集中体现于道路建设、饮用水与排水、卫生清洁与夜间照明。呈现出现代化进程中城市发展的基本存在形态。

那个时代，民众的生活用水，即使在一般城镇，直接使用的基本为河水或井水，现代意义上的自来水极少甚至完全没有。在江南的一些县城，居民习惯饮用河水，家中一般常备水缸蓄水，或用明矾沉淀消毒，也有人工开井取水的，公用的水井也有设于城中的街前弄口，可惜数量不多。污水排放则更成问题。排水系统一般使用砖砌的浅狭阴沟，将污水直接排入河中；这些排水沟常因年久失修，容易因淤泥堵塞，造成排泄不畅。一直到20世纪20年代末期，自来水之普及程度仍然极低。

1927年，国民政府定都南京。1928年2月1日，成立“首都建设委员会”，将南京的城市道路建设也纳入规划中。南京城在道路建设方面应当是最好的。南京市政府所开辟的中山路，细分快车道、慢车道、行人道、憩息道；而道与道之间，种有荫道树，景象较为美观。此外还有中央路，也是一条直线，纵贯南京城，南连中山路，北达中央门。然在民国时期，绝大多数江南市镇在全民族抗日战争期间深受兵燹之灾，道路破坏严重，战后得以恢复的并不多，道路建设相对简陋，乏善可陈。总体上说，民国年间江南市政道路建设，发展不平衡，一般市镇基本是在清末基础上的小修小补，并无大的建树。

此外，就是城镇的环境卫生与夜间照明之类的问题比较突出，前者如粪便处理，后者则是夜间照明，关乎社会的整洁与夜间的治安。当然，城镇的夜间照明，除大城市外，一般都缺少电灯照明，即使有也是少而简陋。在各城市间的使用上有着明显的差异，可以看出在各地的现代化进程中、经济力量强弱的不平衡是一个重要因素。

▲ 20 世纪 30 年代，苏州境内的黄金水道大运河的景致

卖花声里到苏州

——河道水系

江南自古以来河网纵横，众多古河道滋养着这里的生灵。上海的吴淞江、黄浦江，江南的大运河，都是古河道。特别是大运河的江南段，是世界上开挖时间较早、使用历史最久、空间跨度最大的人工运河。它肇始于春秋，完成于隋代，繁荣于唐、宋、元、明、清，断航于清末。相传吴泰伯在梅里建立勾吴国后，为了灌溉、排洪，在中国历史上开挖了第一条人工运河——伯渎河。

勾吴国在泰伯开挖了伯渎河之后，历代君主继续开挖运河。这在《越绝书》上名“吴古故水道”。它始于姑苏城平门（北门），经泰伯渎，穿越巢湖（漕湖），再流经历山（今无锡惠山），穿越古无锡湖（芙蓉湖），然后由渔浦（今孟河之口）入长江，以达于扬州。有考古证据表明，此水道在吴王寿梦时期（前585—前561）已形成了，并由此道起兵向北方征战。到他孙子吴王夫差时已基本完成，后称“江南运河”。

古河道的开挖，作用不仅仅是水利、航运、军事战略，更重要的是引领了江南文明的形成，为后人留下了宝贵的文化遗产和巨大的精神财富。清代学者刘嗣绾作《题水阁》竹枝词：“一程春雨一程愁，小阁重帘水上头。依约晓窗人未起，卖花声里到苏州。”那个年代，河道就是人们的“前途”，刘嗣绾是常州人，他从常州到苏州去，要住在行船上。拂晓时分，行船通过山塘河到达了苏州，“卖花声里到苏州”，充满美学意境。

说起古河道，不禁想到金山的枫泾古镇，据史书记载，枫泾在1 500年前已经成市。历史上这条古河道位于枫泾古镇中间。元代易市为镇，后名为风泾，衍化为枫泾。明代正式分为南镇北镇。南镇属嘉兴府嘉善县，北镇属松江府华亭县，中间的市河因而得名界河。浙江历来是越国故地，嘉善属越，江苏为吴国故地，一镇分两省，一步跨两邑，华亭属吴，由此，枫泾的南镇北镇分属江浙管辖，枫泾也就成了吴越名镇。在很长的一段历史时期，吴越之隔不再被人们提及，

▲ 1864 年的公济医院（今第一人民医院），1877 年迁至苏州河北岸的情景

▲ 民国时期的江南水乡古朴中流淌着诗情画意，图为运河上的小船正在通过桥洞

千年前分属吴越两国的子民及其子孙后代，在一个古镇上和睦共处，“其乐融融，相拥而笑”。上海人生活在水网纵横的“东方水都”之中，有人估算了一下上海全境目前有近46 771条河，正是这河网茂密，径流纵横，水源充沛，很少旱涝之灾，使上海的粮食、棉花、蔬菜、瓜果都能够常年丰收。上海市区的水系，也和郊区一样丰富，但从民国开始大建设的进程中，大小河道逐渐填埋变成马路，市区的河流日益减少。就以虹口区为例，虹口的水，流过悠悠千年，虹口区的名字本身就与水有关。旧时黄浦江北岸的一条支流，明朝时称“洪口”。清顺治年间，因“洪”系明朱元璋年号“洪武”之“洪”，清廷十分忌讳，官方文书便以谐音改称“虹口”，从此一直延续至今。潮涨潮落，缓缓流淌的虹口港的水流，流到北面的溧阳路辽宁路后，分成丫字形两条支流，一条沙泾港，一条俞泾浦。有意思的是，水分两路后，到了虹口最北端的江湾镇，又被走马塘贯通，形成了一个循环。

上海城区水系的典型特点：历经兵荒马乱、天灾人祸，水系依旧保存得最好，水穿过主要城

▲ 20 世纪 20 年代，姑苏水巷与枕河人家

▲ 1945 年，南京古河道边上的民居与路桥

区，河港纵横，好比陆地上的阡陌交错。也正因为水网密集，形成了上海市区的很多桥梁，多数也完整保存下来了。1843年上海开埠后，工业化的脚步，催促着上海快速城市化。潺潺的流水，不知不觉被卷入了时代的洪流。洋泾浜后来变成延安路，后又架起了高架，成为上海城区东西向的主干道；肇嘉浜变成肇嘉浜路，全长1 900米的日晖港填埋成为日晖港地区，还有数不清的小河浜填成了马路，失去了河名。据老一辈上海人回忆，西藏路、福建路、金陵西路、海门路、新昌路、威海路、江阴路、昌化路、慈溪路、胶州路、长乐路（西段），还有复兴东路、方浜路等，几乎都是由河道填没成路的。在郊远地区，凡是路名后面带有河、港、泾、浜的马路，多半就是原来的这条河填埋而成，保留了河的名字，这差不多也是上海地名的一个特色。

吴淞之水震泽来

——苏河弯弯

上海人都熟知苏州河，它的大名古称“松江”，也叫“吴淞江”。近世以来，吴淞江市区段，人们只管叫它“苏州河”，原来的名字“吴淞江”反而不太被人提起了。是的，横贯上海市区的苏州河，以前老上海人曾经给了它一个“浜”的称呼。以苏州河为界，北岸是“浜北”，闸北、虹口与杨浦，大抵称为“浜北”；南边叫“浜南”，如过去的黄浦、静安、卢湾、长宁，因为它们都在苏州河以南。翻查上海明清时期的地方志书，找不到“苏州河”这个名称。它是晚清上海开埠后，租界的英国侨民诧异这条河道可以一直通到苏州，而它的发源地在吴江。于是，英国人给了它一个称呼“Soochow Creek”，意为苏州河，于是就这样叫开了。

有人说黄浦江是上海的母亲河，其实，这句话说得不完全对。如果上海一定要有一条母亲河，苏州河应该资格更老。自古以来吴淞江

▲ 1887 年，上海苏州河河景。图中的建筑为联合教堂和划船俱乐部

就是太湖的入海通道之一。《尚书·禹贡》中记载：“三江既入，震泽底定。”震泽是太湖的古名，三江是古太湖的三条主要泄洪通道，分别指松江（今吴淞江）、娄江（浏江一带）和东江，分泄入海，当然也承担着蓄水的功用。《尚书·禹贡》的这句话是说，只要确保三江畅通无阻，那么太湖流域的安全就有了保障。柳亚子先生当年有诗赞道：“太湖湖水连天阔，中有灵区号震泽。”太湖之畔，确有一个叫“震泽”的富庶古镇，以盛产丝绸而闻名于世，是江南著名的鱼米之乡、丝绸之府。

关于三江之说，东晋庾阐（生卒年不详），字仲初，人称庾仲初，颍川鄢陵（今河南鄢陵北）人。他作《扬都赋》自注云：“今太湖东注为松江，下七十里有水口分流，东北入海为娄江，东南入海为东江，与松江而三也。”娄江后成为浏河的前身，东江向东南入海。东江故道上游为白蚬湖群，中游为淀泖湖群，下游分散为许多分支流入杭州湾。淀泖湖群的“三泖”原为东江主流。公元8世纪以来，东江久已湮塞，三江之中，唯有吴淞江至今奔流。

太湖水的形成，主要是来自浙江天目山的苕溪和江苏宜溧山地北麓荆溪的水流，以及苏南、浙西等周边地区的众多河湖港汊注入，汇集成了太湖。古时太湖的下泄出水口在吴江松陵瓜泾口一带，直到唐宋以后，出水口“逐渐北移，以吴江长桥为要口，元明清间长桥淤浅，乃以瓜泾口为上源”（《吴江县志·河流湖荡》）。后来，娄江、东江淤废，作为三江中最宽阔的吴淞江，承担着太湖下泄的主要通道之责，维持了很长一段时间。古人曾以“吴淞之水震泽来，波涛浩瀚走鸣雷”的诗句，来形容它满载太湖之水滚滚东去的情景。

▲ 19 世纪 70 年代，吴淞江与黄浦江的交汇处

▲ 民国初年的苏州河，外白渡桥横跨苏州河之上

▲ 1937 年，外滩苏州河上的舢板。左边的高楼是百老汇大厦

▲ 1948 年 3 月，在苏州河舢板上晒鱼的女人

对于吴淞江源头的探寻，学界一般的看法，认为在瓜泾口。绍熙《云间志》记载：“松江，其源始于太湖口，而东注于海。”近来也有学者认为早期真正的吴淞江源头应该在松陵，即垂虹桥（旧时也称长桥）口，因后来这里开挖运河，建吴江堤，修至正石塘，才逐渐显现河道水流，阡陌纵横。顾祖禹在《读史方舆纪要》中说：“淞江，一名笠泽，一名松陵江，一名吴淞江。自太湖分流，出吴江县城东南之长桥，东北流合庞山湖在苏州府南二十里。又东北经唐浦苏州府东二十五里，折而东南流。”明《松江府志》卷二中亦记载：“今松江自吴江长桥东流，至尹山北流，至甫里东北流，至淀山北合赵屯浦，又东合大盈浦，又东合顾会浦，又东合崧子浦盘龙凡五六浦，至宋家桥转东南流，与黄浦会而入海。”明代归有光《水利论》中说：“太湖之广三万六千顷

入海之道独有一路，所谓吴淞江者。”莫旦《吴江志》中说：“太湖三万六千顷噎噎俱聚潴于湖，而由吴江长桥东入松江、青龙江以入海。”

唐宋以来，无数文人墨客尽情讴歌过这条吴淞江，唐代诗人皮日休《松江早春》诗云：“松陵清净雪消初，见底新安恐未如。稳凭船舷无一事，分明数得鲙残鱼。”晚近以来，对吴淞江也有诸多赞美，如袁凯《江上看花》写道：“吴松江上好春风，江上花枝处处同。得似鸳鸯与鸂鶒，对对来往锦云中。”

潮去潮来浪拍堤

——东方水都

如果把长江比喻为箭，弧形的海岸线就是弓，其交集处就是上海。上海的地理位置是背靠太湖，面向东海，北挟长江口，南濒杭州湾，内有苏州河黄浦江奔流不息地穿城而过。数不清的河湖港汊，形

▲ 19 世纪 70 年代，繁忙的黄浦江

▲ 1940 年，黄浦江与苏州河交汇处的上海外滩

成历朝历代难以尽述的古河道，就像脉动的血管，滋养着这块土地上的生灵与民众。

上海市地处长江三角洲前缘，陆域水系属太湖流域，黄浦江承泄太湖来水，黄浦江水系支流遍布城乡，是江南水网地区。上海地处中纬度沿海，在全球气候带分布中属北亚热带南缘，是南北冷暖气团交汇地带，受冷暖空气交替影响和海洋湿润空气调节，气候湿润，四季分明，冬冷夏热，雨热同季，降水充沛。上海的降水量在一年中呈现一个时期偏多、一个时期偏少的特征，多雨期分别是春雨期、梅雨期和秋雨期，少雨期分别为盛夏期、晚秋期和冬季。全市多年平均年降水量为一千多毫米，汛期（6月至9月）降水量占全年的一半左右。降水是地表径流的本源，也是地下水的主要补给来源。降水在时间变化上的不稳定性及空间分布上的不均匀性，是引起洪、涝、旱灾的直接原因。

作为“东方水都”的上海，充沛的水系如同血管一样构成了上海横塘纵浦、河湖港汊的优美自然风光。正因为上海与水的亲缘关系，有关水的名称在上海门类齐全，在全国也是屈指可数，常听到的有江、河、浦、泾、沟、塘、港、浜、湖、淀、泽、荡、湾、汇……宋代文献记载吴淞江有“十八大浦”：小来浦、盘龙浦、朱市浦、松子浦、野奴浦、张整浦、许浦、鱼浦、上澳浦、丁湾浦、芦子浦、沪渎浦、钉钩浦、上海浦、下海浦、南及浦、江苎浦、烂泥浦。其他见之于方志和史书的浦，更是不计其数，其中有一些地名一直沿用至今，如三林、周浦、月浦、吴泾、江湾等，足见太湖流域水乡泽国水文化的强大魅力。

▲ 20 世纪 30 年代，江南大运河，苏州城外的石桥

▲ 1856 年，威尔斯桥建成，是外白渡桥的前身

上海地区最大的天然湖泊当数淀山湖。1958年考古工作者在淀山湖打捞出的新石器时期石器及战国时期的印纹硬陶、铜镞等文物，证实淀山湖在古代尚是陆地，战国以后，陷为谷水，遂成湖泊。北魏郦道元《水经注》云：“一江东南行七十里入小湖，为次溪，自湖东南出，谓之谷水。”广阔的湖面，其后日渐缩小，到大约1780年的清代中叶，淀山湖周围从二百里缩为七十里，淀山已距湖四五里。1964年夏，陈毅元帅游淀山湖时诗兴大发：“又到水天空阔处，西望无涯通太湖。”淀山湖湖水清澈，沿湖烟雾迷蒙，一片江南水乡风光。除淀山湖之外，上海境内较大的湖荡还有鼋荡、大莲湖、火石荡、汪洋荡、急水港、雪落漾及吴天贞荡等主要湖

泊7个，与淀山湖组成淀泖湖群，规模甚是宏大。

上海的外围也是水域环绕，风光旖旎。一为长江口，二是杭州湾。2 000多年来，北岸沙岛并岸，沙嘴不断向东南延伸，南岸边滩向东淤涨，河口缩窄，不断向外滩推进，河口逐渐下移。唐武德元年（618）崇明岛露出水面后，河口被分为南、北两支，逐渐形成近现代河口形势。余槐青《上海竹枝词》中称："吴淞江上泊舟齐，潮去潮来浪拍堤。毕竟沟通文化地，一衣带水贯中西。"赞美之情，溢于言表。

历史上，上海市区的水系，也和郊区一样丰富，只不过随着城市化的推进，大小古河道逐渐填埋变成马路，市区的河流日益减少。坊间耳熟能详的洋泾浜原为通往黄浦江的港河，也是上海县设立后城北的一条普通河流，租界时期曾充当英、法租界的界河，1915年租界当局填河拆桥筑路，洋泾浜从此消失，留下了横贯市区东西向的延安路。再如，徐家汇西南，有个漕河泾，漕河泾与古代运送漕粮有关。元代初年，漕粮要运往元大都，常取海道，吴淞江是名副其实的"漕河"，当时一条叫"漕溪"的小河，过蒲汇塘，北连李漎泾，而后通吴淞江的一条支流变成了"漕河泾"这个名称，一直沿用至今。此外，还有数不清的小河浜都相继填成了马路，许多古河道的名字也就消失了。

▲ 1937 年，黄浦江上聚集着的舢板

▲ 19 世纪末，上海建筑工人在筑路的情形

洋场马路阔而平

——马路拓展

近代之前，中国各个城市的交通落后，江南各地亦如此，因为社会节奏缓慢，流量就很有限，城市乡村的治理者或主管当局，对于道路建设的观念陈旧，管理也是粗放型的。即使在城市中，一般所谓“道路”能铺上土石，就很不错了，也缺乏整修和维护，故而坑坑洼洼，晴天一身灰，雨天一身泥。生产力极度低下，道路狭窄，倘若人流量一大，车子一多，就很容易产生交通混乱。明清时，老城厢内的巷弄逼仄而狭窄，行人、车辆都深受“路难行”之困。

明弘治年间《上海志》记载：明朝中叶，上海城内已形成南北、东西纵横交叉的街巷系统。县署东西两侧辟出三牌楼街和四牌楼街两条南北干道，另有新衙街、康衢巷、新路巷、薛巷、梅家巷5条主要街道，以及观澜巷、宋家湾、马家巷、姚家巷、卜家巷等街巷。老县城里的这些路，除了很少的路名能够保留下来，大体或被改，或被并，几番改头换面，早已路是名非了。极少数能够留下来的，也属于大浪淘沙后的凤毛麟角了。

道路交通近代化是城市近代化的重要组成部分，在为市民出行提供方便的同时，也将带动城市面貌的转变和商业的繁荣。上海开埠后，由通商之需要，特别是西洋马车和人力车增多以后，车速快，要求道路更加平整坚实。因而租界当局都把修造道路作为重要的市政事业，采用西方先进修路技术，以碎石、沙石铺路，轧平夯实，使路面的平整坚实度大为提高，并经常整修保养。这种以西式新法修建的道路宽阔平整、坚实整洁，西式马车在上面来往飞驰，平稳快捷，人称之为马路。

1848年，英商上海跑马总会购进租界西边，大致位于今河南中路以西、南京东路以北地区的81亩土地建立一个跑马场，此为上海出现的第一个跑马场。但仅81亩的跑马场不能举行稍具规模的赛马比赛，于是跑马总会在马场的南门外另筑一条马道，因该路为跑马而筑，故被叫作“马路”，上海人称城市道路为马路也由此而始。为方便赛马会员前往赛马场，上海租界当局修筑一条与南侧马道平行的道

▲ 1887 年，上海外滩，路面尚未硬化，有工人正在整修马路

▲ 20 世纪 30 年代，正在整修之中的静安寺路（今南京西路近吴江路段），忙碌中的筑路工人

路，从外滩直抵跑马场。这第一条修建的，就被命名为“大马路”，也就是现在的南京路。此后租界兴建数条与这条马路平行的道路，分别又命名为二马路、三马路等。

到19世纪90年代以后，上海的人口逐渐增多，当时许多人在租界边缘的工厂上下班，杨树浦、闸北、曹家渡等成为上海主要的工业区。工部局通过越界筑路等手段扩展租界范围，将道路交通建设的重点北移至虹口、杨树浦地区，另一方面又向泥城浜（今西藏中路）以西地区拓展，而且推进速度很快。随着西区人口增多和道路不断延伸，1901年工部局在西区界外建成总长2 000米的虹桥路、罗别根路（今哈密路）、白利南路（今长宁路）等。

此外在筑路材料上，已经从初期的土路、鹅卵石路和碎石路，发展到铺设柏油路。并且也开始了采用水泥筑路的尝试。南京路原本在开路奠基时是一条弹硌路，1906年，公共租界有轨电车工程开工，决定从外滩穿过南京路到静安寺开辟一条有轨电车线路，对南京路路面重新翻建，铺成一条“红木马路”（亦称柚木马路，实际为铁梨木），每块木砖约4英寸见方、6英寸高，从江西路（今江西中路）西首抛球场铺起，一直铺到泥城浜东面（今上海市第一百货商店门前），共铺400万块进口“红木”，花白银60万两，即使今天来看，也是一个天文数字，其铺张豪华可见一斑。铁梨木结实有弹性，踩着舒服，下雨后雨水可以很快被吸干。那时候的人还没听说过马路上铺红木，每天吸引了大量的人来看，也算是世界公路史上的奇闻。而为铺设这条马路出巨资的正是英籍犹太人哈同。

▲ 20 世纪 20 年代，工人合力牵引铁碌碾压路面，使之平整

▲ 1919 年，上海建筑工人进行地基施工

颐安主人在其《沪江商业市景词》里描述道：“捕房修路费工程，备用机车滚地平。洒水铺沙锹戽助，砑成坚实畅人行。”时人也有竹枝词称赞：“洋场马路阔而平，南市前经仿筑成。新筑蒲滩外马路，电灯巡捕一章程。”区域道路修筑标准、道路交通配套设施等也日趋完善，道路照明从1890年开始逐渐淘汰弧光灯，使用稳定得多的白炽灯，大大提高了晚间车辆行驶的安全性。

▲ 清末南洋公学校门制成的彩色明信片，下端为英文校名：Nanyang College. Shanghai. 是为上海交通大学的前身

等闲平地起波澜

——公学学舍

19世纪末，西学东渐，中国面临“数千年未有之变局”，传统的科考教育体制也走到了尽头。“长恨人心不如水，等闲平地起波澜”。新式教育如同在死水中掀起了波澜。西方人办的教会学校不断扩大地盘，上海传统的旧式书院也在变革之中。一些洋务新派人士纷纷仿效外国，自办一批新式学堂，要发展新式教育，师资力量最为关键。清光绪二十二年（1896），由洋务派代表人物盛宣怀精心筹建的南洋公学在上海诞生。

现在我们都知道上海交通大学是以理工科见长的高等学府，殊不

▲ 清末南洋公学上院教学楼

知这所大学的前身南洋公学，却是开办师范学校的先河。南洋公学创办前后，上海大致有三类新式学堂：传教士所办的教会学校、官方所办的语言或军事技术学堂和地方士绅所办的科技学堂。1896年冬，盛宣怀呈请在上海设南洋公学获准，在徐家汇北部（今华山路以西地块）选择校址，先设师范院，课程分为中课、西课、教课三类。1898年教学楼破土动工，1899年夏建成，名曰“南洋公学中院”（今上海交通大学徐汇校区教学楼），主要为当时的师范班及中学部使用。学校制定新式学校章程，采用分年级、按班级的授课制度，分设“外院”“中院”和“上院”，开创了我国三级分层设学的先河。

南洋公学设立后，盛宣怀原先考虑校舍设在老城厢高昌庙附近。担任监院的美国人福开森（John Calvin Ferguson，1866—1945）认为高昌庙处不太适合建造校舍，盛宣怀听取了福开森的意见，1898年6月，公学最终选定今日的徐家汇校区作为永久校址。福开森看中徐家汇，是因为当时那里尚属于市郊，田连阡陌，相对来说既适合教学，地价也不贵。在上海道台蔡钧的帮助下，公学以每亩官银120元的价格买下临时校舍边的一块地皮，面积120亩。以后陆续扩充过三次。公学总理何嗣焜、监院福开森主持建造了学校最早的两幢建筑——中院和上院。两院先后建成于1899年、1900年。

当时徐家汇还比较荒芜和偏僻。鸦片战争前后，随着天主教在上海的传播，徐家汇地区建起第一座天主教堂。随后徐家汇藏书楼、徐汇公学、徐家汇博物馆、徐家汇观象台等相继建立起来，南洋公学在徐家汇建立的校园，建筑立面带有英国维多利亚风格，古典主义三段式立面结构，外墙采用清水青砖打底，清水红砖束腰，底层有连续的拱券门廊，二三层门窗为拱券式，并采用清水红砖窗套或券眉装饰。两翼的山墙顶部有圆形牛眼窗和半圆形山花压顶，屋面有老虎窗和砖砌烟囱，形成了富有韵律的形态。中院，作为南洋公学保存至今的历史最悠久的建筑，一直是校园中最古老典雅的一道景观，在梧桐、白玉兰的映衬下，风采纷呈，兼具怀旧和时尚的情愫。上海交通大学徐汇校区早期建筑作为近现代中国高等教育的重要史迹和代表性建筑，是目前国内唯一一个跨越三个世纪、保留发源地与早期办学地的高等学府所在地。

从1897年3月2日开始，盛宣怀以“太常寺少卿”的个人名义，连续11天在《申报》登载招生告示。从3月5日到4月25日，历时50多天，经过不拘一格的严格挑选，师范院最后录取30人，成为中国最早的一批师范生。其

▲ 1920 年，复旦大学在江湾的校门

▲ 民国时期的南京大学教学楼

▲ 1899 年，宁波企业家叶澄衷在上海创办的澄衷学堂，为上海最早的新式学校

中很多是举人、廪生和贡生，是当时青年中的俊彦。新式教育作为新鲜事物让人感到吹来一股清新之风。由于新式师范学堂在全国还是第一家，1897年3月5日，《申报》头版发表专论《论盛京卿创设师范学堂之善》，称“今京卿此意，远本泰西，而近法日本，将使中国学子各得名师，咸受熏陶涵育之益，蔚为国家有用之才，而先于为师者教之，正本清源，京卿可谓得其意矣”，盛赞盛宣怀学习西方教育以培植人才的举措。

在中日甲午战败、民族危难、风雨如晦的年代里，中国一批有识之士，秉持“自强首在储才，储才必先兴学”的信念，在上海创办了南洋公学，它是上海交通大学的前身。20世纪初叶，学校设立了土木、电机、船政、管理等高等学科。1921年叶恭绰任北洋政府交通总长时，将学校定名为交通大学，意在“交通救国”。全民族抗日战争时期交大师生历尽艰难，辗转内地，坚持办学，担负起国家与民族兴亡的重任。

集贤里恰近兴仁

——里弄形态

“弄堂”之于上海，可以说是最典型的海派民居，它承载着老上海的过往，又是上海人居住文化的载体，饱含着一代又一代上海人的城市记忆。它既不同于传统的中国江南民居，也与任何一种西方国家民居建筑有区别，堪称上海特有的民居形式。可以说，没有弄堂，就没有上海，更没有上海人。它就如同城市的肌理一样，藏匿于纵横交织的道路之间，西式的建筑风格、精美的细部构建，而回荡在弄堂里的吴侬软语又是那么地引人遐想。

弄堂住宅作为历史的见证者，就像一个饱经沧桑的老者，诉说着过往的欢乐与悲苦，构筑了上海的繁华旧梦，作为市民社会的一面镜子，它折射出了江南传统生活特有的精致与诗意，又是一般普通百姓

▲ 1912 年，美国摄影记者一张上海弄堂的抓拍镜头

▲ 上海老式房子超狭小的弄堂，只能侧身贴着墙壁而过

市井生活的写照，是上海人文、心态和生活方式的写照。清末秦荣光《上海县竹枝词》云："集贤里恰近兴仁，沪北洋场景一新。星锦东西南北判，小琅环里聚金银。"作者自注："集贤里在大马路，北通致远街；兴仁里在大马路东北，星锦里有东西南北四路，俱大马路南；小琅环里在石路北，均在北门外。"那是在晚清上海开埠的初期，他对上海沪北民居的一种描摹，其实也点出了上海里弄独具特色的形态。

自上海开埠后，原先江南民居中的四合院、三合院传统住宅形式被一些大规模建造的欧洲联排布局的住宅所替代，因为这种石库门里弄住宅占地少、造价低、施工考究，很快风靡上海租界，一跃成为民众的主要居住形式，这类住宅类型以里弄为其基本形式，取"某某里""某某弄"为其名，秦荣光所说的"集贤里""兴仁里"，正是当时里弄的名称，传承着自古而来的"五户为邻、五邻为里"的传统。而此种"弄，小路也"，所谓里弄住宅就是由一条条小路相隔的成群而建的住宅形式，它通过整体规划形成一系列的建筑单元，这些单元被称作弄堂，而所谓"弄"，则是这些建筑群的通道，如网状一般，联系起各幢建筑的公共交通空间。

从建筑形态上来分析，上海有石库门里弄、新式里弄和公寓里弄这三种形态，石库门里弄是比较普遍的一种建筑形态。它的营造技艺创造了颇具上海特色的建筑艺术，大门、山墙、门窗是海派中西合壁的典范，专事建筑的专家曾经这样评论上海的里弄形态，它的中西元素的丰富性、题材的广泛性、工艺的多元性，也许在世界范围内也是极其少见的。石库门里弄又可分为早期石

▲ 20 世纪 40 年代，八仙桥街（云南南路 346 弄）余庆里弄堂口

▲ 20 世纪 30 年代，上海弄堂

▲ 1945 年 11 月，男子正走过虹口一处犹太人聚居的弄堂口，门柱上满布西文广告与指路牌

库门里弄、晚期石库门里弄、广式里弄和新式里弄等里弄民居住宅形式。在新式里弄中，石库门这一住宅形式又扬弃了老石库门的样式，封闭天井变成了开敞或半开敞的绿化庭院，形式上更多地模仿了西方建筑式样而较少采用传统式样。如树德里（中共一大会址）建于1910年，就属于单开间二层石库门，半圆形山花门楣为其最大特色；另外如附近的渔阳里，1919年建成；步高里，1930年建成，弄口有中式牌楼。

新式里弄脱胎于后期石库门里弄，比较适应当时中上层阶层的住宅需求。以铜铁栅栏门代替“石库门”，为争取良好的日照与通风，围墙高度被大大降低或用低矮栅栏代替，继承了石库门民居的某些传统做法，如正屋与辅屋的层高差、封闭或开口的后天井等，天井虽然没有了，但用矮墙或绿化作隔断，外观基本上西化了。考虑到小汽车的通行和调头，有了总弄和支弄的明显区别，而且具有良好的朝向、间距、通风和隔声等成为新式里弄空间布局的基本要求。最为显著的变化是曾经代表里弄民居特征的“石库门”这一形式被淘汰了。较为著名的新式里弄如1920年由中国营造公司建造的亚尔培坊，以及凡尔登花园、霞飞坊、静安别墅和涌泉坊等。

至于公寓式里弄，则是20世纪

30年代后，在新式里弄基础上发展而来的标准更高的花园式里弄住宅。这种住宅由长条式变成了半独立式，注重建筑间的环境绿化，室内布局和外观接近独立式私人住宅，风格多为西班牙式或现代式。还有一些花园里弄，不是每家一栋或两家为一栋，而是和公寓一样，每一层都有一套或几套不同标准的单元，这种花园弄堂可以说是石库门民居的高级形态。

小巷香风闻茉莉

——弄堂风情

对于许多上海人来说，弄堂不仅是一块栖息生存的独特天地，而且也是一个了解市面行情、别具风情的场所，它们构成了上海又一种充满市井风情的弄堂习俗。走进上海的每一条弄堂里，看上去好像都是一样的市井烟火，其实根据里弄形态，弄堂与弄堂也是有差别的，一般称“里”的弄堂，如益诚里、树德里、渔阳里、久耕里等，一般都是职员阶层居住；作为企业老板、影戏明星，他们一般都住在高档

▲ 1910 年夏，上海租界弄堂里，各色人等行色匆匆

▲ 20 世纪 30 年代，一条弹硌路的弄堂，左邻右舍显得很寂寥

的花园洋房一类，这类弄堂叫作“坊”，如锦绣坊、华宝坊、春平坊等。条件更好的一般居住在诸如淮海坊、梅兰坊、万宜坊等，这些高档弄堂煤卫设施齐全，还有小花园，客厅宽敞，小汽车可以开进开出。新式里弄或者公寓式里弄，一般就叫“某某邨”，通常是富豪居住，房屋与设施等各个方面就更加优越了。“里”这种弄堂，算是中产阶层居住，比“里”更差的，一般就叫作“弄”了，弄堂狭窄，弯弯曲曲，屋檐低矮，卫生设施差，几十户人家合用一个给水站，电线拉得横七竖八。这种房子就差强人意了，如蕃瓜弄、药水弄等。

▲ 弄堂口的报刊摊，中年男子与系领带的犹太小朋友在说笑

▲ 20 世纪 40 年代，上海弄堂里的“老虎灶”热水店，女子正在往热水瓶里冲开水

石库门里弄房屋出现于19世纪末20世纪初，没过多久，条条弄堂都有小贩们进出，川流不息，伴随着高高低低的叫卖声。从各地来沪定居的居民，在困境中找到了谋生之道，走街串巷，出卖食品、杂货，也有收买旧货、修补器皿，流动频繁，一天24小时，没有间断。那些卖小吃点心的生意，从清晨开始一直到晚上，各种小吃点心摊子便不断地涌向上海的弄堂，形形色色的叫卖声也始终在上海的各条弄堂中响彻回荡，它们营造了一种浓浓的上海弄堂生活情韵。

江南有许多地方，称货郎为“叫卖郎”，他们走街串巷，在弄堂里吆喝，或高亢或低沉的叫卖声，伴随着清晨朦胧的睡意和黄昏的暖阳，轻飘入耳。上海弄堂里的叫卖声，行业多，花样新，有的像唱山歌、小调，有的似顺口溜，有的忽高忽低，有的拖腔很长，都是有腔有调、有节奏，抑扬顿挫。各行各业都有各自的叫唤声调，使人一听便知道是什么行业的人来了。五花八门的小食品，叫卖的小食品占大宗。“花生米葵瓜子”“麻油馓子脆麻花”“老虎脚爪”，苏北口音，很有韵味。宁绍音是“香脆饼苔条饼”“盘香饼和尚饼”“三北盐炒豆”“绍兴香糕”，软中带硬，拎着一只红漆桶，叫卖“焐酥豆”，又酥又热，以酒杯为量器，早年一个铜板一酒杯，加上点干草粉一桶卖不了多少钱，真是小生意。此外，还有算命的、化缘的。晚上，当夜深人静时还有声调凄凉的卖炒白果与卖长锭的，更有使人毛骨悚然的为家中病孩招魂的长嚎声……

由于弄堂房子家家户户紧挨着，共同分享屋前屋后的弄堂，平时出入照面时，低头不见抬头见，常会打个招呼或寒暄几句。一有叫卖声，抱有共同兴趣的家庭主妇就会应声而出，于是对货色评头论足、讨价还价、交流之声不绝。更有借此机会交头接耳，交换东家长、西家短的最新信息，把本来要买东西的原意也忘掉了。清人郝懿行在《都门竹枝词》中写道：“兰汤浴罢鬓云偏，单看纱罗态更妍。小巷香风闻茉莉，纳凉人坐夕阳天。”“小巷香风闻茉莉”，郝懿行是北

▲ 20 世纪 40 年代，弄堂里的理发摊

方人，来到上海听到弄堂里“栀子花，白兰花”的叫卖声，更是觉得颇多回味。

在居家环境中，一幢幢的房屋将各个家庭、各个群体分割成互相独立的单元，在这些独立的单元中，人们的生活大抵都处于相对封闭的状态，各家之间不可能有较多的沟通和联系。但是在弄堂里，各家之间的生活却成了一个完全开放的体系，个人的家庭生活，几乎完全与弄堂的社会生活混成了一体。从某种意义上说，上海人身上所表现出来的那种开拓进取、思路活跃、善于交际等的性格，也是在开放的上海弄堂生活的熏陶下所形成的，可以将上海里弄的开放性与上海人性格的开放性联系起来考察与认识，尽管不能说是常态，但这铸造了几代上海人性格特征的环境，同样是不能忽视的。

银号声名案口传

——银行大楼

走过外滩建筑群，有一座最为宏伟壮丽，最为有名，也是在各种著述与教科书中出现频率最多的建筑，它就是“汇丰银行大楼”。汇丰银行的全称叫香港上海汇丰银行，1865年由宝顺洋行、大英轮船公司、老沙逊洋行、琼记洋行等十余家洋行在香港建立。

根据上海档案馆有关资料介绍，早在1845年11月，根据上海道台宫慕久与英国领事巴富尔签订的《上海土地章程》，南起洋泾浜（今延安东路）、北至李家厂（今北京东路），东至黄浦江，西至界路（今河南中路）地块，被辟为英商在沪居留地，绵延百年的租界历史由此起步。但实际上，章程签订之前，外滩已经出现了一些独立的英国式庭院，皆为英商开办的洋行会所。这些建筑多为砖木结构，注重实用，外观相对单一，兼具住宅与商用的双重功能。此后两三年间，类似的欧式建筑在外滩渐成规模。到19世纪八九十年代，上海陆续出现了120多家洋行，且重要的几乎都集中在外滩，大兴土木遂

▲ 民国上海黄浦江外滩码头，远处可见汇丰银行大楼和海关大楼

成一时之尚。

这些新起的建筑开始摆脱商住合一的格局，朝着专一的商用功能转移，内部结构开始向钢筋混凝土和钢框结构过渡，外观也不再拘泥于住宅式的大屋顶，变得参差嵯峨起来。一时间，新古典主义、折中主义、芝加哥学派等风格各异的大楼纷纷兴建，竞相争秀，时人惊叹："崇楼杰阁，尽成海外之观。"

上海外滩汇丰银行大楼1921年动工，1923年6月竣工，占地面积9 438平方米，建筑面积23 415平方米，地下1层，地上主体建筑为5层（不包括夹层），中间局部为7层，整栋大楼为钢框架结构。汇丰银行大楼刚落成时，称为新汇丰大楼，为钢筋混凝土结构，外为砖石结构，是典型的古典主义——希腊式巨厦。甫一建成就被称为"从苏伊士运河到远东白令海峡最讲究的建筑"，这栋曾经在远东首屈一指的财富堡垒，至今仍被视为外滩建筑群中最宏伟壮丽的建筑。

整个建筑主体采用西洋传统的横纵各3段处理。中段3层以上还有3层希腊式的宏伟穹顶，使人很容易联想起古罗马的万神庙。横3段中的底段采用粗犷的大块花岗石和3座恢宏的石砌拱门，有铸花月洞形

▲ 1931 年 3 月 24 日，上海外滩汇丰银行大楼、江海关及其街景

▲ 民国时期，上海江西路九江路口，遍布银行大厦与洋行

▲ 20 世纪 30 年代，沪上宁波路广东银行外景

紫铜色大门6扇，花饰精细，显得非常庄重。这里是上海较早使用冷暖气的建筑。

大楼正门面东而置，设有3樘青铜大门，铸造精致。由正门拾级而上，通过八角门厅，可进入银行的营业大厅。1层至3层平面呈口字形，中间为一大天井，采用中间走道，办公室沿走道两侧布置，各层平面除局部不同外基本相同。4层东端为出租房间，其余为公寓。中部塔楼层呈八形平面，圆顶以下分两层，下层原为舞厅，上层是休息厅。

门厅上见穹顶，从地坪到顶高20米，分上下两层，下层是8根大理石柱，每一面都有较大的券门。上层壁面及穹顶均有大型镶嵌壁画，都是用彩色抛光马赛克组成画面，共有200平方米左右。壁面的8幅画气派雄浑，内容分别是汇丰银行在上海、香港、伦敦、巴黎、纽约、东京、曼谷、加尔各答等8座城市分行的建筑与背景，画面主体是象征上海城市的女神。上海的画面是汇丰的外观和海关大楼，主体是航海女神，还有象征长江与海洋的女神及商旗。穹顶的大型镶嵌画内容取材自罗马希腊神话，画面中心是巨大的太阳和月亮，并有太阳神、谷物神、月神陪伴。画面外圈的12个星座则分别对准穹顶下的8幅壁画。原来门口蹲着的两尊青铜狮子，在英国铸就后就立即毁了模子，现在的铜狮是浦东发展银行重铸的。

清代学者叶调元《竹枝词·银号声名案口传》："银号声名案口传，朱提十万簿头悬。个中利害谁能识，血本纹银仅

▲ 图为民国上海开设的女子银行，从员工到客户，都是女性

六千。”说的是清末社会的钱庄业用“钱生钱”的方式营利的事情，也是那个时代的“金融业”。这个行当一直是在市场与政治之间走钢丝，回顾上海金融发展史，金融行业为求自身的生存与发展，始终在市场与政治之间摇摆，它要遵循市场规律，又不能不应对来自政府的各种牵扯与压力。除此之外，它总离不开气派的住所和壮观的大楼，它们见证了上海近代的银行与金融发展序幕的揭开。外商银行在华势力，带着殖民与掠夺的色彩，不过从另一方面看，也使得中国经济被纳入国际结算结构之中，进入国际发展的轨道。

如何结构先描样

——设计翘楚

民国时期，对于建筑设计机构，洋人开的一般叫“洋行”，中国人开的，一般称为“建筑事务所”。但一般平民也闹不清到底是谁开的，坊间俚语就都称为“打样间”，就像很多洋行公司的办公楼被统称为“写字间”一样。“打样间”这个称呼很形象，造房子之前，须先经建筑设计机构“打样”，也就是先设计房屋之图样，送给金主首肯，或是呈有关主管当局核准，如华界的要呈送土地局报批，租界上的要分别送公共租界的工部局或是法租界的公董局等机构审核，手续与程序一样都不能少，经过核准后才可以建造。

“打样间”的工作繁琐且辛苦。民国时期的“打样间”，没有电脑，没有现代化绘图和计算工具，工程所需的大量图纸全凭建筑设计师的计算尺和一笔一画的手工绘就，压在建筑设计师身上的重负该是多么沉重。有一首老上海竹枝词这样形容：“巨大工程计划时，事前须得费心思。如何结构先描样，是亦专门建筑师。”之后，外国人在上海办的“打样间”越来越多，至20世纪30年代初，较大和较有影

▲ 20 世纪 20 年代，中国建筑学会成员合影，成员大抵是学有所成的留学生，学成报效祖国

响力的是公和洋行、哈沙德洋行和邬达克洋行。

租界上的建筑，基本上都由洋人“打样间”给包揽了，例如公和洋行以设计银行建筑起家，外滩银行建筑，以及江海关大楼、沙逊大厦、汉密尔顿大厦、都城饭店、百老汇大厦、苏州河河南路口的河滨大楼、峻岭公寓、外滩的中国银行大楼（由中国建筑师陆谦受合作设计）大抵是公和洋行的作品，其设计风格一般为欧洲近代式；哈沙德洋行的设计，主要是美国流行的近代立体建筑形式，如华安保险公司、西侨青年会、新光电影院、新永安公司、兰心大戏院等；邬达克是来自匈牙利的建筑设计师，邬达克洋行开业后，经营时间长，业务范围广，代表作品有依和啤酒厂、老四行储蓄会、息焉堂、孙科别墅、宏恩医院、大光明电影院、国际饭店、吴同文住宅、武康大楼等100多幢单体建筑都属于他的作品。他的作品在中西结合边缘精明发展，为海派建筑文化增添了浓墨重彩的一笔，也是上海滩炙手可热的建筑明星。

在洋人“打样间”强手林立的态势下，中国人办的建筑师事务所最早的一家是1922年，由留美深造的庄俊回国创办，首个项目是江西中路上的金城银行。此后，中国人办的“打样间”越来越多，许多优秀设计师也脱颖而出。如1929年周渭南设计了黄金大戏院和共舞台；1930年赵深、范文照设计了南京电影院（今上海音乐厅）；1941年范文照

▲ 1922 年“湖社上海事务所”在闸北会文路弄堂挂牌的门景

▲ 1925 年，巴黎世界博览会中国馆门口合影的几位建筑设计师

还设计了美琪大戏院；1931年杨锡镠建筑师设计了静安寺的百乐门舞厅；1931年李锦沛和范文照设计了八仙桥青年会大楼；1931年基泰事务所设计了中山医院，又于1934年设计了大新公司（今上海市第一百货商店）。

1930年，“大上海区域建设计划书”公布，对虬江码头、机场、水厂、道路、铁路枢纽等基础设施进行了规划，包括市府大楼、图书馆、运动场（今江湾体育场）、博物馆、市立医院、市立公园、

▲ 1925 年由著名建筑设计师吕彦直设计的中山陵，融合中西建筑元素，沿中轴线层层递进，气势恢宏

▲ 20 世纪 30 年代，英国人在上海开设的建筑师事务所，图为平面设计师工作时的情景

各局办公楼、音乐学院、上海铁路局二路管理局大楼，以及工业区、住宅区的建设。优秀建筑设计师董大酉的设计为20世纪30年代的“大上海计划”做出了卓越的贡献。

而在江南，本土建筑设计师吕彦直设计中山陵的故事值得一提。1918年，吕彦直从美国康奈尔大学建筑系毕业，获得建筑学学士学位，随后进入纽约墨菲建筑师事务所工作。1921年初，他在游历欧洲后归国，进入墨菲建筑师事务所的上海分所。1925年3月12日，孙中山先生逝世后，中山先生葬事筹备处决定征集设计图案，以决定建造南京中山陵墓的建筑形式，时年31岁的青年建筑才俊吕彦直，娴熟地掌握西方现代建筑设计理念和技术，并能很恰当地与传统中国建筑样式相结合，他的设计方案最终技压群雄，在众多应征者中间脱颖而出。不幸的是，就在中山陵主体工程即将完工之时，吕彦直却因罹患癌症，于1929年3月18日病逝于上海，时年35岁，一代才俊未能目睹他设计的中山陵全部完工的壮观场景，真是“出师未捷身先死”，悲哉！

第六章

房屋营造与百年家居变迁

近代具有中国特色的现代建筑，或者说更具民族性，符合江南地域特征的家居，是一大批中国建筑师苦苦求索的结晶。

江南传统民居，一方面延续着千百年来的造房习俗，由于人口众多，土地比较金贵，一般民居都在建筑构造上下足功夫，力图节省空间，居室墙壁高，开间大；前后门贯通，便于通风换气；为便于防潮，建二层楼房多，底层是砖结构，上层是木结构。南方地形复杂，住宅院落很小，四周房屋连成一体，适合于南方的气候条件，房屋组合比较灵活，适于起伏不平的地形。

另一方面民国家居的建造，也广泛采用水泥、钢筋混凝土等新型建筑材料，并且主要由木结构、纯粹木柱受力的结构形式，逐步向部分砖墙承重的结构形式转变。开始由纯粹的手工建房工艺向半机械化的近代建房工艺转型。许多民居使用了水泥、铸铁等新型材料，部分细部节点五金构造材料形式发生改变及优化，如槅扇门的插关由笨重的木插关转变为铁摇梗，门窗有了彩色压花玻璃的应用等。建造工艺，采用如清水砖墙砌筑工艺、水泥砂浆抹灰、水洗石、水磨石等，都体现了工艺与施工水平的变化。

上海开埠后，西方人士纷纷来沪经商办厂，陆续在租界落户定居。国内新兴的资产阶级登上历史舞台，他们雄心勃勃，许多人的生活方式和思维方式深受西方文化的影响，不拘泥于传统，使民国时期的家具具有显著的时代特征。例如采用许多铁艺家具、玻璃镜镶嵌家具，综合应用板木框架结合、拉手、合页五金，不再局限于传统的榫卯结构。多功能的“梯椅”出现带来了家具功能上的创新。大衣柜、穿衣镜等成套卧房家具开始出现，社交方式的改变，导致休闲、打牌、舞会、沙龙等聚会变成一种生活时尚，诸如专用牌桌椅、休闲沙发、壁炉、化妆台、办公桌等新型家具也应运而生。从20世纪20年代起，他们的设计理念和意图，就是要在传统与现代之间寻求某种妥协和平衡点，以求延续中国传统建筑的审美价值，寄托着一种对于民族建筑文化的情感。30年代时兴的“海派家具”将家具推向了时尚的潮流。尽管守旧之声不绝于耳，评价褒贬不一，但民国时期的传统家具还是迎来了前所未有的剧烈变革。中西合璧、探索求变是民国时期传统家具的典型特征。

▲ 1910 年，江苏海州（今江苏省东海县）正在造房子的泥水匠

新做屋脊两头翘

——建房造屋

从古至今，世世代代的江南民众，都将建房造屋看得很重，既讲究房屋布局的合理性，也很注重房屋的美观实用性，将我国传统文化之中的哲学思想、风水观念融入其中。因为住房，是民众必不可少的生活依凭，夏遮酷热暴雨，冬避风寒霜雪，是家庭成员日常生活起居、生老病死、休养生息的处所，作为百年大计的建房造屋，历来被看成关系家庭聚散、家道兴旺，关涉子孙后代幸福的头等大事。土地与屋舍是农民的命根子。

建房造屋的定向，有约定俗成的说法。为了通风采光，方向通常为坐北朝南，略偏西2度到10度，称为“太平向”。定向时，房主要放鞭炮驱邪。工匠在地上画出基准线，并且在地基中央挖一个小洞，洞内埋一枚银钱，作为镇宅之宝。

建房造屋动工之前，须先勘察地形地貌，有条件的大户人家还会

▲ 民国时期的泥水匠，为夯实新房地基做准备，两名年轻的建筑工人在将泥和水混合

请上风水先生来定向和择址，选择“善地”，避凶趋吉。在地势高爽、光照充分、空气清新、冬暖夏凉的地方建房造屋，才能有利于房主一家生活起居、健康长寿。具体的动土日期，也要由阴阳先生来决定，避开恶月（如农历五月），避开阴雨潮湿的天气，一般在农历九月重阳前后，秋高气爽，才适合动土盖屋。所以，吴地历来有“重阳天，造屋天”的说法。

建房造屋是一件大事，正式开工前的第一天晚上，东家要将工匠们都请来喝“开工酒”。东家要穿上“出客”时才穿的新衣服，陪同这批工匠中的领班或大师傅，一起对着木匠与泥水匠的祖师爷画像祭拜，照例是供奉果品，燃香点烛。有的大师傅还先用墨斗在地上弹出一条直线，领唱祭祀仪式歌。歌的具体内容，各地有所不同。如今在吴江还保留一首《八仙》仪式歌。其中有几句经典唱词：“一敬天、二敬地，三敬城隍四土地，五敬张鲁班仙师共八仙。”掌墨师傅一边诵唱敬神歌，一边向神灵洒酒。仪式结束后，东家陪伴工匠围坐于八仙桌旁，大碗喝酒，大块吃肉。八仙桌的两个朝南座位，归房主东家和掌墨师傅坐。

讲究一点的人家还须隆重备好丰盛的“三牲酒席”，祭祀土地神，鸣放鞭炮，烧香点烛，在风水先生或工匠的主持下，手持焚烧的

▲ 20 世纪 30 年代，江南泥水匠正在砌砖盖新房

▲ 20 世纪 40 年代，江南乡村建房造屋的情景

黄纸，绕着宅基四周，边走边唱踏地歌。祭祀时，把猪头、全鸡、全鱼、豆腐、百叶、鸡蛋、圆子、纸马等祭品放在造屋的基地上。东家向工匠发喜钱。动土时，还有“包土”仪式，就是把要挖的第一铲泥土，用红纸包好；木匠第一锯锯下的一小段木梢，也用红纸包好，称为“土木双全”。两个珍贵的纸包，由东家放在秘而不宣的地方。

当然，最激动人心的时刻，要数“上梁”仪式了，山墙砌好后，将正梁搁在山墙尖顶上，称为“上梁”。上梁仪式，讲究特别多。第一步是“布彩”。就是把红绿布条系在梁上，用铜钱和红绿布条编成“招财进宝”“刘海戏金蟾”的饰物图案，一边系一边还要唱“吉星高照笑哈哈，江南号称第一家”等祝词；第二步，则是木匠用随身带的酒洒在梁上，称为“浇梁”，有的地方上梁还要杀雄鸡“血祭”；第三步“抛梁”，将建房造屋的仪式达于高潮。在噼里啪啦的鞭炮声中，匠人把馒头、定胜糕等往下扔。馒头象征圆满，定胜糕象征高升。匠人边抛边唱《抛梁歌》：“抛梁抛到东，主家洪福乐无穷；抛梁抛到南，养个儿子中状元；抛梁抛到西，五谷丰登

▲ 1945 年，苏南一名木工师傅用刨子将木板刨平

米铺地；抛梁抛到北，安家乐业增寿福。”这时，众人蜂拥而上，连呼“吉星高照”等吉语，争抢从梁上抛下的馒头等吉祥物，气氛达到高潮。东家再次发喜钱并请工匠和亲朋好友喝上梁酒。亲朋好友送的贺礼，件件都要成双，讨一个“双喜临门”的口彩。

其他诸如上梁前，主人将尺子、镜子、秤杆等“厌胜”之物拴于米筛，张挂于墙；砌墙时，在墙的四角各放一枚太平钱，寓意四平八稳；用于镇宅驱邪的镇石“石敢当”镶嵌在大门右侧墙角；在正对新屋的河口、巷口、港汊、桥梁的墙面上，往往镶嵌压邪之物；砌筑山墙的山尖时，匠人要唱喜歌：“新做屋脊两头翘，今日万福又来到。屋脊新做像条龙，荣华富贵多兴隆。”

花梨香楠铁梨木
——苏式家具

传统家具，蕴含着中华民族悠远的历史和文化，不仅品类丰富，文化内涵源远流长，即便是普通的百姓人家使用的老家具，也是散发悠悠古韵和崇尚现实的审美追求，扮靓了江南人家的家居生活。明末

▲ 1871—1874 年，清代家具陈列

吴人文震亨所编《长物志》一书，其中有几卷专门对当时制作的家具作了精到的总结与评述。在用料上，他将“花梨木、香楠木、铁梨木”等定为“文木”，认为用“文木”制成的家具可定为佳品。

▲ 民国家具中的铜饰件

一般认为，明清家具有广式家具、苏式家具、京式家具和晋式家具这四大流派，其中广式家具不仅指广东，也包括广西。苏式家具是指苏南浙北包括上海一带所生产的家具。举世闻名的明式家具，就是以苏式家具最为著名。这个地域的工匠所制造的家具，以造型优美、线条流畅、用料讲究、结构合理、比例尺寸合度等特点，以及朴素、大方的格调博得世人赞赏。进入清代以后，随着社会风气的变化，苏式家具的风格也发生着深刻的变化。

明式家具的主要发祥地在苏州。清初大多还流行苏式家具。宫廷家具大都从苏州地区采办。清代浙江巡抚纳兰常安在其所著《受宜堂宦游笔记》中记载：“苏州专诸巷，琢玉、雕金、镂木、刻竹、髹漆、装潢、针绣，咸类聚而列肆焉。其曰鬼工者，以显微镜烛之，方施刀错。其曰水盘者，以沙水涤滤，泯其痕迹。凡金银、琉璃，绮、铭、绣之属，无不极其精巧。概之曰苏作。”苏州木匠“无不极其精巧”，加重了“苏作”两字的分量，也许“苏作”就是这么叫开的。但“苏作”并非苏州一市的专属名词，不仅指苏州，也包括无锡、常熟、南通，包括以南京等为中心的整个江苏省制作的家具，甚至包括杭嘉湖等地，也泛指长江下游一带广大地区制作的红木家具。

明代的苏州，是长江下游江南地区的中心城市，繁华且富庶，清代孙嘉淦《南游记》写道：“阊门内外，居货山积，行人水流，列肆招牌，浑若云锦，语其繁华，都门不逮。”明清两代，这里聚集着大批木作的能工巧匠，著名的香山帮，是那个年代的水木英雄，他们不仅制作皇宫、官邸、私宅用的家具，甚至连天安门城楼也是“苏作”师傅的倾心制作。明人张瀚《松窗梦语·百工纪》记载：“江南之侈，尤莫过于三吴。……吴制器而美，以为非美弗珍也。……四方贵吴，而吴益工于器。”张瀚说的“三吴”，指苏州与吴州、长洲，合称三吴，以苏州为首。所谓“制器”，自然包括家具制作。苏作家具产品源源不断地流向四面八方，为了辨识，冠以“苏式”，也可以说“苏作”，是明式家具的发源地之一。

苏式家具的发展和风格的形成，还与江南高度发展的文化艺术、特定的文化环境和审美认知等有着密切的关系。江南地区雄厚的经济实力，吴门画派的美学认知，园林密布，秀甲天下，一时文人会集，物华天宝，人杰地灵。造园成为苏州的一种时尚。文人士大夫追求高逸脱俗的意境，寄情山水花草，不能不对苏式家具产生潜移默化的影响。明代文震亨《长物志》、屠隆《考盘余事》及清代李渔《闲情偶寄》，这3部书对明清家具进行了品评和总结，提高了苏式家具的知名度。

▲ 明代古典家具的线条颇具优雅的美感，在苏式家具中得到传承

▲ 明代古典家具的线条之美

由于地理条件决定，苏南地区的硬质木材来源，远远比不上两广地区以及京城等北方地区，主要通过海上贸易通道运来，要得到金贵硬木，殊属不易，因而江南地区的木作工匠大师，在家具制作上，用料还是算了又算，有点“惜木如金”的境界，既要凸显家具造型的漂亮优美，又要特别盘算如何省料，因而使打造出的家具显得俊秀、文雅，那些苏式工匠巧妙套用材料的本领，如同老裁缝剪裁珍贵衣料，总是算了又算，像变魔术一般精心落料，甚至连很小的木片都派上了用场，无论大件家具，还是小件

▲ 民国时期，一位穿西装男子在红木家具边上写字

摆设，都精心琢磨，使之天衣无缝，其工艺技巧近乎鬼斧神工。苏式家具的整体特征素洁简单，结构完整，线条流畅。家具造型通过点与线、线与面的组合，构成了一个个含蓄的黑白空间。在审美特征、艺术构思、意境创设诸方面，苏式家具的“文人气质”都颇为出彩。

甬人贩卖西家具

——海派家具

民国初，罗汉写竹枝词《西式家具》云：“旧式铺陈不在行，大家都要摆洋装。甬人贩卖西家具，讲究铜床与铁床。”说的是大量在上海的宁波人将西式家具的买卖，做到了内地诸如九省通衢的武汉等城市的大户人家，宁波人做生意是很精明的，不仅有大银行家，即使做小打小闹的零售生意，他们也会做得相当成功。

上海开埠后，许多洋人洋货涌入上海，当西方家具来到上海，也进一步推动了本土家具的发展，当时在上海的宁波商人，或直接复制舶来的西式家具，或提取西洋家具的元素融入中式家具之中，包容了西式与中式元素的海派家具，便在这方沃土中茁壮生长，终成一派，成了那个时代时髦而前卫的存在。使得洋场上的家具也蕴含着大量的“西式元素”，是中西合成的珍璧，盛行于以上海为中心的江南地区，并且到20世纪30年代逐渐定型。

海派，即上海流派，文学、绘画、表演、工艺等皆有海派之说。而海派家具，指的就是1843年到1949年间出现或生产于上海的中西合璧家具、纯西式家具以及二三十年代生产的摩登家具、三四十年代阿蒂克风格的家具。所谓“阿蒂克”，源于英文Art deco，由新艺术运动演变而来，源于历史悠久的古罗马文化，巧妙连接古典与时尚，精致而考究。

如果说海派家具只是吸收了西方家具的某些特点，那也有失公允，清代家具，特别是出现于清康乾盛世的家具，也大量受到西方巴

▲ 孙中山上海香山路故居内的海派家具

洛克式和洛可可式艺术风格的影响，不乏对西方家具设计元素的借鉴，但海派家具已经是比较成熟的融合中西家具的艺术。它更重视在形式上与传统的明式家具相谐和，如在布局上，强调中轴线原则，总体风格上还是偏厚重端庄，与传统中式家具符合人伦、礼节如出一辙。海派家具各部件的连接方式，并不采用西方家具的金属构件组合，坚持采用中国木作匠人的传统榫卯结构，与环境的适配性更强，金属会随着时间氧化锈蚀，而榫卯却能使建筑家具保存得更为长久。海派家具设计灵活多变，视觉上留出更多余地来更改雕琢，使工匠能够尽情发挥自己天马行空的想法，尽可能阐发传统中国人的审美理想，精巧细腻的气质或许与此有关。

海派家具吸收了西式家具色彩跳脱鲜艳的特点，在室内陈设中十分醒目。传统中式家具强调稳重气质，为显静美，颜色一般都偏深，而西式家具，所谓“巴洛克式家具”，金色为主色，光芒耀眼；所谓“洛可可式家具”颜色柔和一些，以米黄，特别是白色为主色；而海派家具的颜色选择以中国传统大漆的褐色、赤色、黑色等为基础，增加了许多浅色设计，甚至是通体白漆，色彩选择在中西文化中寻找了一个平衡点。

三四十年代，海派家具对材料的选用，坚持以传统红木为基础，也将许多原本传统家具放弃的木料，如柳桉、杨木、椿木等，利用到家具制作中，强调物尽其用，舒适实用，追求高贵。又不断把新材料用于家具的结构、制作和装饰上，如大量引进了玻璃、瓷砖、金属等

▲ 20 世纪 40 年代，上海西式家具的逐渐成熟，海派家具迎来了最辉煌的时期

▲ 方正而圆顺的书房坐具，是对清代典型的苏式扶手椅的改良和传承

新的材质，如柜架设计中就多在柜面镶嵌玻璃，既能分隔空间，又能展现柜内的陈设，比起传统陈设柜架，还多了一层保险，极大提升了实用性。再如传统中式家具多以硬木做椅面凳面，海派家具吸收了西式家具爱用大体积软包的方法，构成座椅的主要部分，既能显露别致的外观，还更为贴合人体曲线，极大提升了坐下时的舒适感。

在结构设计上，海派家具仍然是让人本位原则发挥作用，为使人在坐下时，能自然而然地往后倚靠，减轻臀部的压力，中式椅子设计以端坐为蓝本设计，海派家具则是考虑坐者的舒服度，怎么舒服怎么来。既继承传统，又吸收西方艺术风格，就很彻底地改良了明清家具以床榻、几案、箱柜、椅凳为主要格局的模式，而且最大限度引进了沙发、衣柜、多宝柜和梳妆台，极大地丰富了家具品种，总体上融合了中式家具的含蓄内敛与西式家具豪放大气的气质。海派家具以中式元素为“骨”，以西式元素为“皮”，巧妙融合，又以前者作为家具形制及布局，以后者体现在装饰效果与使用功能上，因而受到了一代又一代消费者的欢迎，影响力直至今日。

▲ 20 世纪 40 年代，海派家具推动着各西式家具店不断革新

▲ 兴国宾馆 7 号楼内保存着的海派家具

▲ 清末民初，嵌有花卉图案的屏风

屏风周昉画纤腰

——屏风难遮

清松江府华亭县人黄之隽作《竹枝词》其二十八云：“胭脂泪迸红线条，拽住仙郎尽放娇。郎身不远郎心远，屏风周昉画纤腰。”这最末一句是引用唐代诗人杜牧《屏风绝句》的首句，杜牧诗是：“屏风周昉画纤腰，岁久丹青色半销。斜倚玉窗鸾发女，拂尘犹自妒娇娆。”一句诗，从唐代杜牧到清人引用，说的是同一个意思，都是对屏风后面的佳人表示怜悯与同情。古代陈设在室内用以挡风或者作为障蔽的器具，其背后隐藏着多少女子的风情与哀婉。

探究屏风的起源，大概要追溯到西周时期。《事物纪原》“屏风”条说：“周礼掌次设皇邸，郑司农云，邸后板也。康成谓后板屏风。礼记明堂位曰：天子负而立。”《礼记·曲礼下》说：“天子当

▲ 19 世纪 80 年代，屏风前伫立的端庄清秀女子

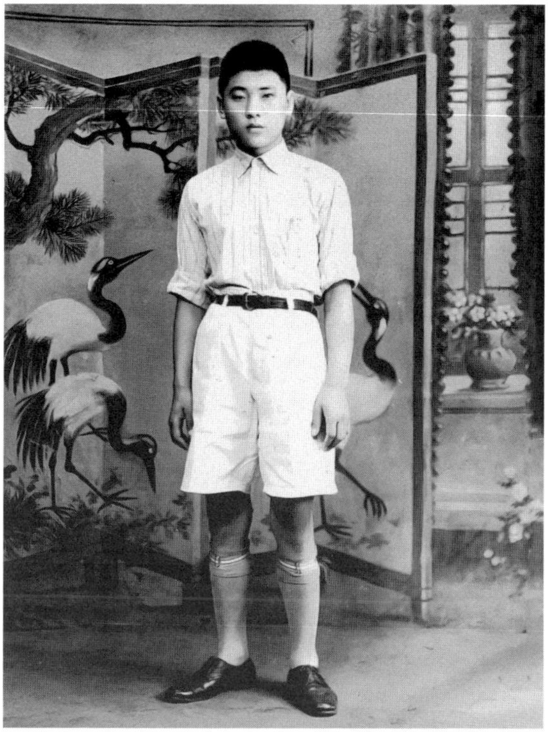

▲ 民国时期，照相馆以松鹤屏风为布景拍摄的青年男子肖像照

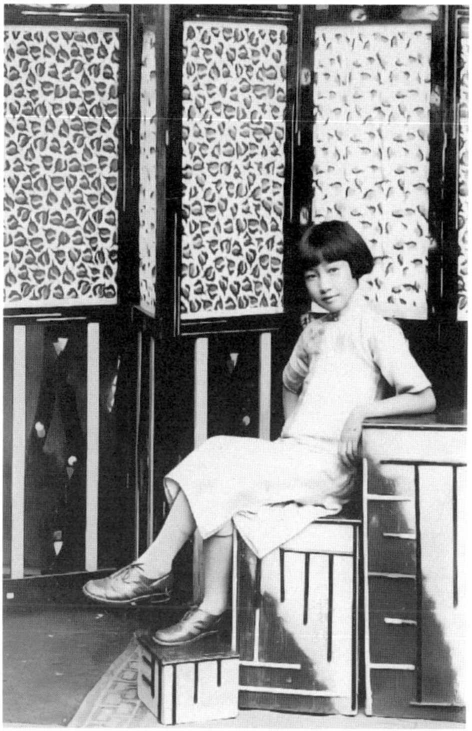

▲ 20 世纪 40 年代，一位少女悠然地坐在屏风前留下的影像

依而立。”《国语·吴语》说：“王背屏而言，夫人向屏。注，寝门内屏。”《荀子·大略》云：“天子外屏，诸侯内屏。”这些都是指屏风，就如同郑康成（玄）所说的，是邸宫的后板。《史记·孟尝君列传》说：“孟尝君待客坐语，而屏风后常有侍史，主记君所与客语。”《吕氏春秋》说：“赵简子……居于屏蔽犀橹之下。”这些古书上的记载，都说明战国时期一般官邸用屏风是很平常的事。

屏风隔断也属于一种十分古老的家具，《史记》中记载：春秋时期“天子当屏而立”。皇帝把屏风作为权力与尊严的象征，大臣们把屏风作为警示自己的工具，文人雅士则把屏风作为摆放在案头欣赏的艺术品。经过一段漫长时间的发展，屏风开始普及到民间，走进了寻常百姓家，成了古人室内装饰的重要组成部分。

汉朝不仅室内有屏风，而且在车驾上也有屏风，称之为“屏星”。东汉孔恂任别驾时，刺史想把车上旧有的屏风除掉，孔恂却认为这是国家的旧仪，不可更动。他说：“别驾可去，屏星不可去。”

▲ 民国时期，大户人家厅堂落地罩后面加了屏风隔扇，看上去更有层次感

情愿辞官而去，而不能破坏车上设屏风的规矩。今天来看，孔恂的思想未免太保守了。魏晋时期，大文士阮籍出任官职，为了与外界多方联系，他带头拆去了堂屋中的屏风。《晋书·阮籍传》说：阮籍拜东平相，“乘驴到郡，坏府舍屏障，使内外相望，法令清简”。阮籍此举，一时被传为佳话。这都反映出，当时的官府里是常设屏风的。唐朝从宫廷到平民百姓家中，都广泛地使用屏风。诗人杜甫写道：“贵戚权门得笔迹，始觉屏障生光辉。”指的就是这种现象。中唐以后，在屏风上写字画画，则已成为权贵们附庸风雅的风尚了。

屏风有插屏和围屏等不同规格。插屏都是单扇的，围屏则由多扇组成，少则两扇，多则12扇，能随意折叠，可宽可窄，使用甚为方便。制作的材料和屏风面子上的彩绘一般都很讲究。建造屏风的材料木制居多，也有以木为架，或以石、陶、金属等为架，蒙上丝帛为屏面的。屏风上的用材更是按照不同的等级，有不同的制作方法。宋元之后，直到清代，在历代帝王的宫室里，屏风成了一种显示他们权力、威仪和豪华气派的重要装饰品。

清朝灭亡之后，历史进入了民国时期。随着封建王朝统治的覆灭，屏风赖以繁荣的文化环境发生了巨大的变化。因此，王权衰落了，屏风却步入寻常百姓家。没有了皇帝，紫禁城中皇帝的宝座后面，那座象征皇权的座屏虽然仍伫立在太和殿中，但却只能是静悄悄的古董，仿佛告诉人们在过去几千年中，屏风曾经是何等的辉煌。

民国时期，屏风虽然还在民间仍然大量使用着，但这一时期的屏风，仅仅是作为装饰物，或者作为空间的一种“隔断”而存在。现代文明的兴起，人们生活环境的巨变，人口大量增加，住房面积相对狭小。人们无须以屏风遮蔽寒风，也无须隔断空间。千百年的风雅，也逐渐失去了存在的基础。人们面对纷繁复杂的生活，不需要再去把精神寄托在一面屏风上。民国后，随着生活方式的改变，屏风也开始走向没落。时代进步了，新材质的出现，譬如玻璃的广泛使用，也是屏风加速走向没落的重要原因之一。屏风所承载的那个时代消亡了，屏风本身便失去了存在的基础。

月下横床依碧树

——寝室卧具

一个人终其一生，大量时间是在床上度过的。明末清初李渔《闲情偶寄》说：“人生百年，所历之时，日居其半，夜居其半。日间所处之地，或堂或庑，或舟或车，总无一定之在，而夜间所处，则止有一床。是床也者，乃我半生相共之物，较之结发糟糠犹分先后者也。人之待物其最厚者当莫过于此。”这位江南才子为什么对床的厚爱，甚至超过他结发之妻，其中隐藏什么秘密，我们不得而知，然古人对于卧具、床具如此看重，却引人深思。

▲ 20 世纪 30 年代，在沪外国人居住的意大利式样卧室家具内景

洪荒时代，人们还处于穴居和巢居的时期，是没有所谓“家具”概念的，更遑论现代寝具。先民们为了避免潮湿与寒冷，只能用茅草、树叶、树皮或兽皮之类铺在地上，这就是最古老的家具——席，有人将它视为床榻之始，虽然有点牵强附会，但也算是为“席”字建立了语源。

古代早期是没有“床”的，《战国策·齐策五》中记载苏秦在游说齐国时说：“秦王恐之，寝不安席，食不甘味。”可知最早是睡在席上的。《诗经》中有：“十月蟋蟀，入我床下”的词句，不过，那种床还是很简陋的席的变种。春秋以来，床往往兼做其他家具。人们除了睡觉，在写字、读书、饮食的时候，还有在床上放置案几的习惯。与床一同出现的还有“榻”，秦汉时期，一般人多席地而坐，或者坐在床上，而地位尊贵的人还可以使用专门的坐具“榻”。

魏晋之后，延续了秦汉时期以床榻为起居中心的方式，历经隋唐五代，出现了高型方桌、扶手椅、凳等家具，使榻的坐具功能不断被削弱，开始兼具卧具的功能。直至宋代，家具才真正走入平常百姓家，床榻有了新的构创。明代的卧具，“床”与“榻”向两个方向平行发展。清人吴绮作《满江红·社集绮园》词：“月下横床依碧树，花间记曲添红豆”，为的是“把浮云，指点向诸君，吾何有”，表达了清代人对于“床”的感慨。

清代之后，床的种类多了起来，分为“儿童床”“架子床”和“拔步床”等，尤以架子床成为主要形式。架子床是汉族最主要的床式，通常是四角安立柱，也有“六柱床”，床顶安盖，俗谓“承尘”，顶盖四围装楣板和倒挂牙子。床面的两侧和后面装有围栏，床前不设围子，便于上下。因为床有顶架，故称“架子床”。架子床如同“屋中有屋”，空间缩小，为的是藏风聚气，但藏的什么风，聚的什么气，却无人能说清，估计是奇门遁甲一类的说法。

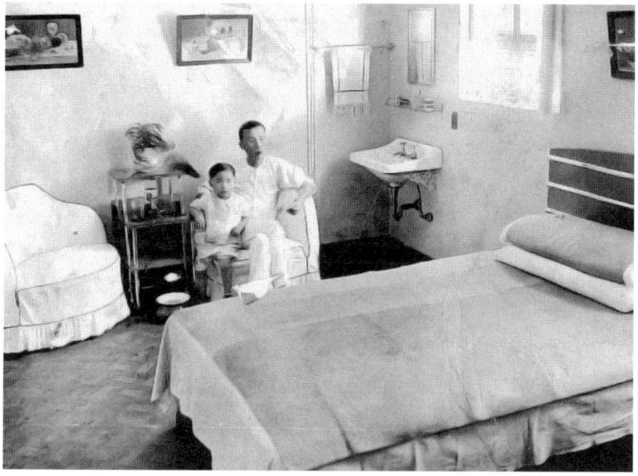

▲ 民国时期，上海地区豪华西式卧室内的父子

至于“拔步床”，主要出现在富庶的江南地区，它是在架子床的基础上，外面设浅廊，廊子两侧放些桌凳小家具，用以放置杂物，像一间房间，其外形好像把架子床安放在一个木制平台上，平台长出床的前沿二三尺，平台四角立柱镶以木制围栏。拔步床虽在室内使用，却很像一幢独立的小屋子，成为房中房、室中室，古人用在床上的智慧，真可谓独具匠心。

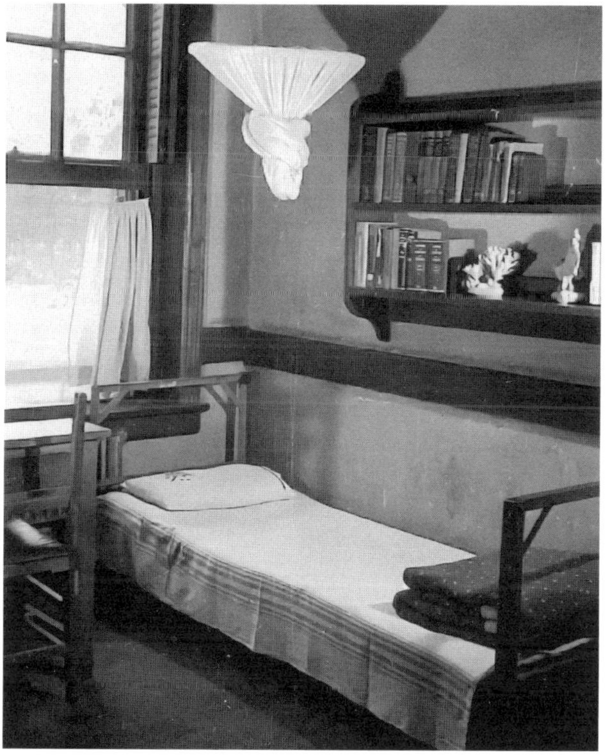

▲ 20 世纪 40 年代，南京金陵大学女生宿舍内的女子卧室

说到“榻”，会使人想起宋太祖赵匡胤的一句名言“卧榻之侧，岂容他人鼾睡”，这句话源于宋人岳珂《桯史·徐铉人聘》：上谕之曰：“不须多言，江南亦何罪？但天下一家，卧榻之侧岂容他人鼾睡耶？”比喻不

允许别人侵入自己的势力范围。一般“平榻”，俭朴简单，由四腿支撑榻面构成，榻面多作棕藤屉面。大抵是民间布衣百姓用之；还有一种“美人榻”，也叫杨妃榻，多供女子小卧、靠坐休息之用。尺度精巧，榻的一端为曲尺形围子。另有一种“弥勒榻”，俗称“罗汉床”，榻体分有束腰和无束腰两类，其左右和后面装有围栏，但不带床架，围栏多用小木做榫攒接而成。围栏两端做出阶梯形软圆角，既朴实又典雅。这种床虽然也可用于日常睡眠，但主要是用于日间起居，常常放于厅堂间，有点像后来从西方引进的沙发一样。

近代以来，中西文化交汇，出现了许多有别于传统中式的床具，西方生活方式在上海等通商城市流行开来。以苏式、广式和京式为代表的明清家具逐渐式微，传统风格床具一统天下的局面被打破，西洋

▲ 民国时期，上海的西式卧室与家具

▲ 民国时期，上海大户人家的室内卧房与卧具，已经很有现代意蕴了

床具也在古老的中国获得了一席之地。宫廷卧室家具在这一时期走入民间，宫廷卧室家具民间化，高档家具大众化，朝着实用、多功能、舒适、保健和装饰等方向发展，成为民国时期家具业的一大特点。

柴米油盐酱醋茶

——灶间厨房

人们的生活，开门七件事，明代才子唐寅曾经做过一首《除夕口占》：“柴米油盐酱醋茶，般般都在别人家。岁暮清闲无一事，竹堂寺里看梅花。”除夕之夜，一个大才子居然无力购买柴米油盐酱醋茶这些日常生活的必需品，只好躲到寺院里欣赏梅花，有点让人难以置信。这首诗很能反映唐寅的率性与真性情。人间生活中，须臾难离“柴米油盐酱醋茶”，七件事情，件件与厨房有关。

古代的先民，自从有了火，火塘的火焰终年不熄，以备随时取用。火塘就是先民的厨房，也是家庭的中心，人们环绕火塘而坐，火塘就是家庭活动的中心。可以说，火塘中的袅袅轻烟，维系着一个民族的繁衍与文明。

随着生产力的发展，人们的生活方式也渐有改变，物质生活逐渐相对丰富，饮食也由烧烤为主转向以烧煮为主。加上建筑技能的提高，客观上创造了对火塘居于中心的住宅淘汰的条件，炉灶遂逐渐由房间正中移向房子的一侧，厨房的雏形出现了，火塘也被砖砌的灶头所取代，有了灶台可以架设锅子，沿墙面砌筑的烟囱也出现了，既可做饭，也能取暖。北方称为“连炕灶”，南方则是砖砌的大灶，江南吴语几乎都叫“灶头”。

▲ 江南家家户户在灶间供奉灶神。图为神龛中并列的灶神像及其供品

近代及至民国，灶头间，就是一般平民百姓家的厨房，日常烧饭做菜，大多人家都离不开灶头。江南的灶头一般用砖块砌成，大致由灶台、灶墙、灶眼、灶膛与烟囱管构成。灶头按照大小分，有二眼灶、三眼灶，人口少的家庭，一般采用二眼灶，大家庭则用三眼灶。民国时期，上海人称“灶披间”，那已经是很奢侈的大厨房了。

▲ 民国时期江南锅灶台老照片

江南农家的灶头一侧，一般还得加个木制风箱，并砌有烟囱排烟和神龛祭祀灶君。灶头上还会绘有字画，多为福禄寿喜、花鸟山水、鲤鱼跳龙门、五谷丰登、人财两旺、火烛小心等。三眼灶，分中镬、外镬和里镬，分别用于煮饭、炒菜和煮猪食等，也有用小缸凿口后做成的小灶，俗称“缸灶”。灶间一般还有箸笼，即筷笼，放筷的专用陶器，多挂在碗橱边或灶间的柱子上。箸笼是家的象征，民间有“箸笼治家”之说，切忌丢弃，更忌打破。灶间还放置着橱柜，这个橱柜，上海人一般称它“楟橱”，由木、竹制作，用于存放碗、盘、碟、盅等餐具，民国时期农村仍有使用习惯。大楟橱分上、中、下三层，各有所用。上层为菜柜，内又分为两层，多放熟菜或剩菜；中间为放置碗、盘、碟洗涤后直接扣放在栅栏上；下层为大栅栏，放置罐镬、高低镬盖等。边钉横木或铁钉，

上插菜刀或上挂箸笼等。上柜为对开格楞橱门，中间及下层为左右开的格栅移门。

再穷的人家，一般也有“盐钵头”，就是盐甏，或是“盐罐”，是专门用于贮存散盐的陶制容器。盐钵头上有盖子，下有底座。甏底

▲ 20 世纪 30 年代，上海民居里的灶披间

最下面有许多小孔可以渗盐卤，因为盐平时容易融化，盐卤就会往下渗，底座就是用来承接盐卤的。渗出的盐卤一般百姓人家用来腌制咸鸭蛋等；专门做豆腐的人家则把盐卤用来“点豆腐”。

民国时期的江南，大户人家条件好，则率先开始了西式的独立厨房，已经开始出现橱柜的雏形了。普通人家的灶间厨房，尽管没有山珍海味，但对于一般殷实人家来说，它却藏有夜深人静时魂牵梦萦的烟火气。渐渐地，由于人口越来越多，像在上海，住房却变得越来越拥挤狭小，所谓“七十二家房客”，就是一种夸张的写照。但一年四季，从早到晚，一日三餐，都离不开灶头间。于是很多人家，过着共用灶间和厨房的尴尬生活。

因为灶头厨房共用，邻里之间就会从别家烧的菜品与数量，来打探这户人家的变化情况，逐渐就会形成一种老上海人的灶披间的管理规则，比如轮流打扫卫生，分摊共用水电费，互相照应着，使灶间厨房井然有序。民国时期，一般上海市民结束了“柴烧”，开始了“烧煤球”的日子。人们每天生炉子，燃料就是煤球、煤饼之类，要先把炉子拎到家门口的街面过道上，把炉的出灰口对准上风方向，用纸点燃小木柴头，燃着后轻轻地放一个煤球等。遇到没有风，还得用蒲扇使劲地煽风送氧。自然，普通人家买煤球也是个苦差事……

▲ 20 世纪 40 年代，金山县（今上海市金山区东南金山卫）枫泾古镇农家土灶

▲ 民国时期，常熟农家锅灶台旧影

▲ 民国时期的玻璃瓶子

▲ 晚清叶仲三内画彭海秋西湖夜舟图鼻烟壶

玻璃皎洁修且厚

——玻璃小识

在江南地区普遍使用油灯的时候，上海人用上了煤气灯，煤气灯的灯罩，一般是玻璃制成，火焰的光芒透过玻璃放射出来，很是耀眼。王韬在游历欧洲各国后，对域外的照明设施大加赞赏，写道："西人于衢市中设立灯火，远近疏密相间。其灯悉以六角玻璃为之，遥望之灿若明星。后则易之以煤气，更为皎彻。盖藉煤磺之气，聚而发焰，故光远而有耀耳。"玻璃具有折射映照的特性，它与灯光源相得益彰，视觉上会更明亮，更耀眼，更加方便人们的生活。

玻璃与琉璃不一样，琉璃是含氧化铅等成分，以手工成型为主的传统色釉料制品。作为一种透明的物质，本质上和瓷器的釉属同类，都是高温烧结后形成的以硅酸盐为主，多机械生产的透明或彩色材料。迄今最早发现的玻璃石英材料，大约是在3 600年前出现在两河流域。中国最早的玻璃大约出现在春秋末年。数千年来，玻璃堪与黄金和宝石比肩。大约在公元4世纪，罗马人开始把玻璃应用在门窗上。到12世纪，出现了商品玻璃，并开始成为工业材料。16世纪的欧洲，开始将玻璃广泛应用于日常生活，例如器皿制作、建筑门窗和各种光学用具。1688年，一名叫纳夫的人发明了制作大块玻璃的工艺，从此，玻璃成了普通的物品。18世纪，为适应研制望远镜的需要，制出光学玻璃。1874年，比利时首先制出平板玻璃。1906年，美国制出平板玻璃引上机，此后，随着玻璃生产的工业化和规模化，各种用途和各种性能的玻璃相继问世。

清乾隆帝曾聘请西洋工匠，力主推进玻璃制造的“国产化”，建立了皇家玻璃厂，还曾写诗称赞：“西洋奇货无不有，玻璃皎洁修且厚。”直到清光绪八年（1882），著名实业家经元善投资中外合办的华兴玻璃公司，1902年，代理芜湖道署务的许鼎霖发现“西人出重资购买砂地（位于江苏宿迁），密取砂样”，于是将砂样“寄于比国使署，交化学家考验，始知为上等玻璃原料”。同年，江南状元实业家张謇会同许鼎霖、林松唐、丁宝铨、黄以霖等人，向清政府呈请创办宿迁耀徐玻璃公司。这些江南实业家开中国“耀”字头玻璃企业之先河，功莫大焉。

据上海玻璃博物馆收藏的资料，1882年，平和洋行与唐茂枝等合办中国玻璃公司，并于次年9月制作出荷兰水瓶供应市场。夏天倘若想品尝一下神奇消暑的“荷兰水”，只有在通商口岸城市的“番菜馆”才可喝到，那是作为奢侈品流行于上层社会，离平民百姓还很远。

在和平饭店的几个餐厅和会客室里，镶嵌着若干半尺见方的拉利克艺术玻璃饰品。有花鸟屏风，有飞鸽展翅，还有鱼翔浅底，置身其中，恍若水晶世界，在20世纪初风行一时。这种珍贵的特种玻璃艺术品，在烧制过程中熔入锑、砷和钴，有透明和磨砂两种，具有特殊的色彩及立体效果，远看是乳白色，近看是暗蓝色，迎着光则呈鲜红色，犹如一团火。其创始人是在

▲ 20 世纪 30 年代，彩绘玻璃成为罗马式和哥特式教堂建筑不可或缺的组成部分，营造出庄严凝重、宁静肃穆的宗教氛围

▲ 光华灵气的琉璃为佛教七宝之一。佛法用琉璃光的明净来比喻佛德

1925年巴黎国际装饰与工业艺术博览会上赢得轰动性声誉的法国人雷内·拉利克。

玻璃的实用性给人们的日常生活带来了莫大的好处，其中值得一提的无疑是推动了保温瓶的出现。热水瓶也叫保温瓶，是英格兰科学家杜瓦发明的。1900年他采用真空办法做成双层瓶子，把隔层中的空气抽掉，切断传导。在真空的隔层里又涂了一层银，把热辐射挡回去，再用一个塞子把瓶口堵住。这样热传导的3个方式都被切断了，瓶内胆能较长时间保持温度。中国最早的热水瓶是1911年由德国礼和洋行与谦信洋行传入。上海中英药房最早经营外货保温瓶，但因售价昂贵，一般市民很少问津。1925年，上海协新国货玻璃厂生产出我国第一只国产麒麟牌保温瓶。1932年“一·二八事变”后，抵制日货的爱国运动高涨，促使民族资本家纷纷投资设厂，上海保温瓶厂一时多达40余家，保温瓶成为大众商品。

◎北大學生參觀工部局
◎玻璃業請設公會之咨文
◎派員視察全省農業之訓令
官幕秘傳
新影戲片

▲ 20 世纪 40 年代，刊登于《申报》上的《玻璃业请设公会之咨文》

清杨静亭《都门杂咏·时尚门》竹枝词云：“画堂春坐日迟迟，富贵人家得自宜。不待揭帘知客至，疏窗嵌得是玻璃。”说明富贵人家安玻璃窗也由来已久。这首竹枝词说的是北方京城民宅使用玻璃的情景，清末的江南同样如此，自从有了电灯，新型的光源，再加上玻璃的配合，那种视觉冲击力就完全不是京城老爷子的感受可比的了。

工艺局成侈美观

——搪瓷兴起

搪瓷日用品，是民国时期百姓手里的宠儿，人们一度称其为“洋瓷”。

搪瓷原本是指一种工艺，所谓“搪”，就是将一种玻璃质瓷釉“搪”在某种金属制成的胚胎上，加以高温烧制便完成。搪瓷与珐琅同源，都是由玻璃釉料附于金属上再经高温烧制的复合工艺，这种制作工艺相当于给器物包浆，易碎的土石、易锈的金属被包裹之后，既延长了寿命，也更加美观，一举两得。20世纪20年代初期，珐琅与搪瓷两者同义，都是同一种工艺技术。珐琅依据具体加工工艺的不同，又可分为掐丝珐琅器、画珐琅器和透明珐琅器等，其中较为熟知的便是掐丝珐琅器，其典型便是大名鼎鼎的“景泰蓝”。1917年出版的《大清见闻录》在介绍“雍和宫”一文中，有“佛座前有景泰蓝香炉若烛台，高可七八尺，清乾隆帝之赐也”的记录。可知“景泰蓝”之称谓是晚清时开始正式出现并流传开来的。

与搪瓷的原理类似，珐琅也是将玻璃釉经高温镀在贵金属表面。撰写于清宣统元年（1909）的《清代北京竹枝词》载：“工艺局成侈美观，各般制造尽追探。就中绝技高天下，压倒五洲景泰蓝。”注曰：“工艺局开设琉璃厂，已历年所。凡制造各物，极意改良。唯景泰蓝一品，实为我中国独绝之技，东西洋赛会屡占优等。”

与最早的玻璃材料发现一样，珐琅也是在古埃及发现的，后在西方几经传播与发展，各种制作珐琅的工艺技术也得到长足的发展，随着近代通商兴起，东西方贸易的频繁，画珐琅工艺从广州等口岸传入中国，被称作“西洋珐琅”或“洋珐琅”。康熙时期设置了不少制作

▲ 民国时期，街头集市售卖二手搪瓷盆和洋铁罐的小摊贩

珐琅的皇家作坊——珐琅作，如武英殿珐琅作、养心殿珐琅作、圆明园珐琅作等，不一而足。由于宫廷有多个珐琅作，推动了画珐琅工艺在中国的初创与发展。

不过，光是宫廷里的人拿着珐琅把玩，或者文人墨客作为艺术品来欣赏，显然缺少远大的应用前景，只有将它变成千百万人手中的日用品和市场上的商品，“洋瓷”才能真正成为国货，搪瓷的传播面才能得以普及。清光绪四年（1878），奥地利第一次将搪瓷制品输入中国，大清朝的百姓当时就开始唤搪瓷为“洋瓷”。1914年，第一次世界大战爆发，两国中止贸易，日本瞅准中国市场，大量向中国倾销搪瓷，并控制了市场。

为了让“洋瓷”成为“国货”，民国建立后，国人也开始了不懈的努力，1916 年，华商徐道生与英国人麦克利合资在上海虹口区建立了搪瓷日用品工厂，成为国内第一家现代搪瓷厂，开始生产口杯、饭碗、平底锅、食盒、瓷盘等。1917年，中国人自办的第一家搪瓷厂——中华美术珐琅厂，亦即中华制造珐琅器皿公司在上海成立，其后10年，益丰、华丰、久新、兆丰等搪瓷厂相继在上海开业，国产搪瓷制品大量应市，产品品种不断丰富，直接影响了洋商及华洋合资的搪瓷厂原先的市场。20世纪30年代，国产搪瓷制品已占全国生产总额的90%以上，民族搪瓷工业规模已成型，并逐渐开始出口外销至美国、日本等。1926年，上海益丰搪瓷厂“金钱”牌面盆获得美国费城展览会的珐琅器类金牌。

▲ 民国时期制作珐琅的工匠

▲ 民国上海益丰搪瓷公司生产各种搪瓷产品的情形

尽管经年累月地发展搪瓷，

▲ 20 世纪 30 年代，出现在上海医院里的各种搪瓷器皿

然珐琅与搪瓷的概念尚无准确的分类。民众普遍默认以金、银或铜等较为珍贵的金属为基底制成的，作为装饰品的是为“艺术搪瓷”——珐琅；而以铁或铝为基底制成、作为日用品使用的则为“搪瓷”。1929年西湖博览会上，专家们讨论了搪瓷生产的标准，仍无定论。将珐琅与搪瓷区分，并定下中国制订搪瓷制品的生产标准，这个任务直到1956年才完成。

搪瓷产品简便、安全又易洗涤的特性，也深受人们欢迎，上至达官贵人，下到贩夫走卒，以茶缸、碗盘、面盆、痰盂等各种不同形式生产的搪瓷产品，广泛地进入他们的日常生活。搪瓷的影响可谓无处不在，民国作家张恨水熬夜写《金粉世家》时，炉子上呼呼作响的是搪瓷茶壶；张爱玲从常德路公寓出门买菜提着的网兜里用来装豆腐和甜面酱的“洋瓷盖碗”，是搪瓷；萧红记忆里鲁迅家里水门汀地上擦擦响着淘米洗菜的“洋瓷盆”，也是搪瓷……

▲ 1946 年 7 月 21 日，上海《新闻报》刊载如意牌搪瓷痰盂的广告

从无弃物委渠沟

——马桶便器

古人将上厕所叫“如厕”“出恭”“方便”“更衣”“净手”“行圊”等。鲁迅《古小说钩沉》辑东晋裴启佚书《语林》记载：“刘寔诣石崇，如厕，见有绛纱帐大床。”这里的“如厕”说的就是上厕所之意。好像这个词一般只用于书面语，更显简洁且文雅一些。世界上各个民族都会有自己的语言表述，说明文明人类都会处理好这一重要的卫生环节，古今中外，概莫能外。

就说这个便器，从文献记载来看，汉代就有一种被称为“虎子”的便器。《周礼·天官》提到“玉府”掌管“王之燕衣服……凡亵器”，汉儒郑玄注：“亵器，清器，虎子之属。”清人孙诒让在《周礼正义》中也说：“虎子，盛溺器，亦汉时俗语。”又《史记·万石张叔列传》裴骃集解：“贾逵解周官，楲，虎子也。”许慎《说文解字》也说：“楲，楲窬，亵器也。”由此可知“虎子”便是盛溺器“楲”。山东沂南北寨汉墓中有厕所与虎子共存的画像资料，也进一步说明了“虎子”当是溺器，也即俗话说的“尿壶”。

至于它的起源，《西京杂记》卷五《金石感偏》记载：“李广与兄弟共猎于冥山之北，见卧虎焉。射之，一矢即毙。断其髑髅以为枕，示服猛也，铸铜像其形为溲器，示厌辱之也”，李广将军是射箭英雄，为显示他的神勇，以及对虎“不过如此”的不屑，每天对着它尿尿，后人则将“虎子”称作便器。

到了唐代，因为皇家先人有“唐国公”，名字就叫李虎，古代是有名讳的，溺器叫虎子属大不敬，于是就改称“兽子”，也叫“马子”。“虎子”易名，形状也得改，宋代就出现了“马桶”的叫法，最初是做成马的形状，叫“木马子”。后为了扩充容积且方便制作，

▲ 20 世纪 30 年代，上海街头的粪便车，倒粪工推着车子挨家挨户倒马桶，再拉到粪码头去

就做成圆桶状，遂称“马桶”。据欧阳修《归田录》卷二记载：燕王好坐木马子，坐则不下，或饥则便就其上饮食，往往乘兴奏乐于前，酣饮终日。燕王为什么这么喜欢坐马桶？没人知道，按照欧阳修所述，这“马子”或“木马子”指的就是马桶。

且不说古代那些马桶、尿壶之类了，且说晚清上海开埠后，西方人更为先进的抽水马桶等卫生设施很快传到上海，但也只是少数公寓、洋行、公司、大旅馆与一些大亨闻人及豪门权贵能够拥有抽水马桶。大多数普通人家还是使用普通的马桶。1943年上海曾经上映一部《鸾凤和鸣》的电影，有“金嗓子”之称的电影明星周璇为该电影录制了一首插曲，歌名叫《讨厌的早晨》，歌词唱道：“粪车是我们的报晓鸡，多少的声音都跟着它起。”就是指每天清晨收粪工人推着重达400斤的粪车，挨家挨户收马桶的声音。石库门民居里的人们睡眼惺忪，将一只只马桶从屋子里拎出来，首先是“倒”，倒进大的粪池；然后是“刷”，用一种竹制的马桶“豁筅”，有些还要加入毛蚶壳，马桶豁筅一刷，发出“哗哗”的声音，形成了一道上海都市里早晨特有的景观。

民国上海的市政管理是一市三治，处理粪便的方式也各有不同：公共租界采用分流制沟管，设有东区、西区和北区三个污水处理厂；

▲ 20 世纪 40 年代，上海弄堂里的收粪车，俗称“马桶车”

▲ 民国时期，苏州街边刷马桶的老妇人

法租界使用化粪池，将抽水马桶的粪便排至化粪池，经过腐化分解，液体部分经由雨水管道泄入河流，固体部分由工人清除；而居住在华界的普通市民则采用最原始的方法——“倒马桶”。苏州河边设有粪码头，满载的粪车被环卫工人推到十六铺、淮安路、打浦桥、曹家渡等处，再用粪桶将粪倒在码头边的粪船上，运出上海市区。运粪的人，叫“粪夫”，大抵是由乡下来的种田人担任。20世纪20年代初，为了争夺粪源，还形成“粪霸”之间的争斗，他们将粪便清除、粪便出售、厕所管理权层层“发包”，形成了一个庞大的“粪产业链”。

▲ 20 世纪 30 年代停在租界工部局粪码头的粪车

▲ 民国时期，倒马桶的粪便车

随着人口的迅速增加与工商业的发展，江南以手工业、商业等非农产业为基础的城镇大量兴起，自发到城市收粪、拾粪、买粪，逐渐成为农民肥料获取的一个重要来源。清代竹枝词曾有记载：“马勃牛溲与竹头，从无弃物委渠沟。提筐在背沿街走，更有人来拾粪筹。”当然这些都是不常见的现象，江南地区绝大多数农民还是通过出钱购买的方式来获取城镇中的肥料。

第七章

居室陈设中的人文传承

自古以来，江南的文人雅士，不惜倾注大量的物力、财力以至个人的精力，力图将个人的居室陈设，做得精致体面而又充满情趣，他们不仅把生活中的小事变成了风尚，而且从“居室陈设”出发，由技入道，进入了“物我互观”“物以载道”的境界。只要读一读明代文震亨的《长物志》，就可知江南士人这个群体的一种共同价值观念，他们重视居室的陈设，创作了众多的陈设精品，并最终构建了完备的理论体系。

居室陈设是一种人文活动，其实是倡导人们雅致的生活方式以及价值观念，有显著的社会文化功能。如民国时期鸳鸯蝴蝶派代表人物周瘦鹃，他曾经担任《申报》副刊主编。在20世纪三四十年代，周瘦鹃与鲁迅、张恨水、梅兰芳等许多文化名人都有交往。最终，周瘦鹃急流勇退，从上海的文学圈和媒体圈，退回故乡苏州，买个小园子与家人团聚，养花弄草，安享晚年。他家的庭院里，布满了参天大树，有香樟、重瓣紫藤、白皮松、孩儿莲、红豆树、桂花、古柏等名贵古木。

江南许多文化形态都是文人参与创造的，比如园林、昆曲、紫砂壶、明式家具等，文人群体最大的功劳，就是将文人审美注入居室陈设，给以往呆板匠气的居所注入了书卷气。古人曰：“居之者忘老，寓之者忘归，游之者忘倦。”人们渴望和追求和谐的居住环境。居室的人文精神，说到底就是不仅要可居，也要宜居，而且还要有一定的精神境界。住宅远非简单的建筑物体，它既承载着人们的希望与追求，又展示着一个社会从物质到精神、从经济到文化的综合成果。

一张八仙桌、几把椅子、一些藤编、几张沙发、书房香案、挂画装饰，书香满屋，乃至居室对阳台空间的利用，都是陋室不陋，可以创造温馨和谐的空间小环境。这不为别的，因为居室还是人的理想、信念变化的记录，人们各种精神活动以及对物质的追求，在居室里都可以留下物化的印证。

民国文人重视居室的陈设，从中可以窥见人们通过改造空间环境，实现人的生活方式变革的努力，居室空间环境的陈设可以成为文化相关性的跨学科研究课题的一部分。这是很值得传承的文化遗产。

▲ 古建院落中随处可见的“风水缸”

远水难救近着火

——水缸寓意

江南有许多古建筑，历经时代变迁而依然能够存续，不能不说是一个奇迹。究其根源，还是与古人重视防火消灾的观念有关，“水淹一半，火烧全无”。历史无数次证明，火灾与兵燹对古建筑的破坏是最大的，所以，古人在建筑的选址、建造、使用过程中，始终渗透了防患于未“燃”的消防意识。根据历史经验，江南地区的百姓，总结出一系列防范火灾的经验，并体现在建筑的设计与建造中。

对于木质建筑，保护的关键是小处防潮，大处防火。对于防火墙（有的地方叫“连街隔墙”）的设置有多种。一种是在并排着的建筑物之间，中间空出一间房的位置，在里面填土，一旦发生火情，可以起到一种阻隔作用；另一种则是让屋顶两侧山墙高出屋面，随着屋顶

▲ 江南乡村宅院天井里一般都置放水缸，防火消灾

的斜坡而呈阶梯形。有一句谚语说“远水救不了近火”，防火首要的条件就是要有水，而且要近水。古代没有自来水，不过城内曾有多条水巷，民居大多愿意依水而筑，既方便运输又利于生活。但临水而居毕竟有限，那些不临水的，则以水井、水缸来作为灭火的水源。除了井水，古时候几乎每户人家的院子或天井，都存放有大水缸贮满清水。有些大户人家，还挖有水池。这些水井、水缸、水池，平时具有蓄水饮用的功能，一旦遇到火警时就有灭火的功用，房屋一旦失火，可就近取水灭火于苗，消弭于瞬间，不致酿成大祸。

在院落里放置水缸，这是从商代起就形成的习俗，宫廷里就会摆放水缸。历朝历代，莫不如此，唐代诗人杜荀鹤有一句诗“君到姑苏见，人家尽枕河”，说的是苏州街巷的基本格局。为什么民居临河而筑？自然是在水乡水系充沛，但除了生活用水、水巷运输方便外，还有一个重要原因就是为了防火需要。因为古代民居的灭火，主要是靠水。清代的紫禁城是摆放水缸最多的地方，走进故宫太和门之后，总有一些金灿灿的大缸不时映入眼帘。古时深宅大院，门厅、轿厅、大厅、厢房、阁楼等梁架、门窗均为木结构，一旦失火，没有一定的水源是不行的。为了防火需要，有的屋主人甚至还专门开一条小河引水到门前，这样既可泊船又可灭火，可谓一举两得。一般还都将厨房与柴房间建在后门临河码头旁，厨房使用明火，一旦失火，可通过码头取水扑灭，又快又近。那些不临河而筑的民居，则采用挖井挖池的办法，来解决水源问题。

▲ 江南的大院小户，都保留着在院子中摆放一口老水缸的习俗

▲ 民国时期的缸甏店，正在交易中的情形

苏州人家的大宅院中，一般都有水井水池。而更多的人家，则是在天井宅院中，安放一只大水缸，用来积水救火。河—井—池—缸，组成了古代消防的“组合拳”，如同一个随处可取水的救火系统。所以，为什么像上海、苏州、嘉兴等地缸甏业很兴盛，适应江南防火系统的需求，是一个重要因素。比如，浙江嘉兴缸甏汇依凭运河水路的方便，清代后期已是城内最大的缸甏集散地，其路名也因此商业实景而得。民国初年，其中的“元兴号”店铺乃是嘉兴缸甏业中的老字号。缸与甏都是圆形的粗陶容器，大小不等。小缸大都作为厨房里的盛器，如酱缸、盐钵头之类。大一些的缸，通常用来储水、存粮或酿酒、腌菜，都是口大底小，有“三石缸”“七石缸”等。那七石缸，上大下小呈

▲ 民国初年的上海缸甏行

抛物线状慢慢收拢，可盛七石水，故有此名。

放置在院子里的水缸，人们还给它取个好口彩——“有财有势”，吴语中“势”与“水”同音；水缸里的水，日子一久会发臭，屋主人会在缸内种上荷花、养起金鱼；有的人家平时会用七石缸来积存天落水，天落水不沾泥土的腥味，没有地表水的咸气，取天落水来泡茶，也是苏州人家做得最风雅的一件事。“水主财，山管丁”“藏风聚气，得水为上”，这些老话深得江南人民的重视。因此，从“聚财”的角度来看，院子里的水缸、水池也有聚宝盆的寓意，整个院子也因水缸的存在，多了一份古朴的岁月感，成为一道有故事的风景。

清身太守旧悬鱼

——悬鱼美饰

在中国传统古建筑中，独具匠心的匠人一般都要设计一些美饰来点缀，挂个小挂件一样的东西，垂于正脊，大多用木质材料雕制而成，有的地方也有铁制材料的，这个物件就叫“悬鱼”。作为一种建筑装饰件，悬鱼通常位于悬山或歇山建筑两端山面的博风板下，从建筑价值看，悬鱼的存在，加强了山墙处博风板的整体性，使之更牢固、耐用，就如同“雀替”“斗拱”等物件一样，既体现了结构上的需求，又起到了装饰的作用，悬挂在房屋山墙山尖的正中，离开山墙有一定的距离，鱼的背后有一根铁条与山墙固定。

悬鱼有典，典出《后汉书·羊续传》：“府丞尝献其生鱼，续受而悬于庭；丞后又进之，续乃出前所悬者以杜其意。”那意思是说，东汉时期，权豪之家多尚奢侈，有个叫羊续的人，出任太守时，有府丞为了取悦他，送给他一条名贵的大鱼。这使得羊续十分为难，他想，如果不收，有可能扫了府丞的面子，驳了人家的颜面，但倘若他收下，又怕别人知道后也来效仿。于是他灵机一动，收下了鱼，他既不吃也不送人，而是将那条鱼“悬于庭”，挂在庭院里。

▲ 山村民居的山墙处挂一个悬鱼，也可以起到稳固的作用

果然，府丞认为羊续收下了那条鱼，不久，他又给羊续送来了一条鱼。羊续便将上次悬挂于庭院中的那条鱼指给他看，以此婉拒。郡中官吏闻此讯息都颇为惊奇与震动，被羊续的清廉与机智所折服，就再也不敢来送礼了。从此羊续就有了“悬鱼太守”的雅号，“悬鱼”便成了为官清廉的典故，常被引用到文章中。宋代士人徐积有诗云：“爱士主人新置榻，清身太守旧悬鱼”，也是讴歌了为官清廉的精神品格。元代丁复《次韵西湖竹枝词》也咏道：“郎爱捕鱼依织蓑，劝郎不必要登科。一家买鱼得食少，一官悬鱼忧患多。”这样，

▲ 传统建筑屋顶正脊的一种装饰构件，构成悬鱼

“悬鱼”一词便成了官吏廉洁的代名词。

有位建筑师在思考民居建筑时，就将这个故事，作为一个符号，放在了建筑装饰上，显得意味深长。常见的悬鱼有的就是一条小鱼，有的是双鱼古钱云草花纹等，造型优美。悬鱼除了是一个装饰以外，其影子落在山墙上面，可以显出悬山出檐挑出的深度，同时，鱼影落在山墙上的阴影也随日光照射每天都在变化之中，好像一幅动态的浮雕。在中式传统建筑中，悬鱼在不同的朝代有形式上的演变，可以在不同地区的民居中体现出不同的地域风格。因此，在我国南方和北方的民居中都能见到，尤以江南浙西地区的房屋为多。在山墙上挂条鱼，这一建筑美饰构件，蕴含着多种造型和含义。从阴阳五行理论来分析，古代民居多为木结构，木结构的房子怕火，是“火克木”；而鱼乃是水中之物，是水的象征，是“水克火”，且许多悬鱼造型直接有“水”字，和“鱼”“莲花”等组合，有一种平衡的感觉，表达了人们祈福平安、吉祥如意的美好愿望。

▲ 传统建筑屋顶正脊的一种装饰——悬鱼

▲ 古建筑中的悬鱼具有丰富多样的形式

悬鱼装饰在发展的过程中会有变化，后来鱼的形象渐渐变得抽象、简化了，出现了各种各样的装饰变体形式。建筑在距离大海很近的海边民居，有的还配有“壬”“癸”等字体，表达了祈水乐民的寓意。而悬鱼习俗，作为一种传递人们美好祝福的实物，江南滨海地区表现得尤为多样。随着岁月的轮替，悬鱼甚至变换成了蝙蝠，以取“福”之意。多以木材质，环形双鱼的经典图案，象征交合、繁衍，因“鱼腹多子”体现了人们多子多孙的心愿，加上莲花祈“连

▲ 利用其谐音取吉祥之意：如“连（莲）年有余（鱼）”“吉庆有余（鱼）”等

年有余”，牡丹祈“富贵有余”，雕刻花瓶祈“万事平安”，梅花祈“福”“禄”“寿”“财”“喜”五福，铜钱与蝙蝠祈“福在眼前”，梵文中“万字符”、阴阳学的八卦图案表示吉祥等美好的祝愿，出现在悬鱼的图案当中。这是建筑与人文的最好诠释。

随着时代的发展，民居屋顶脊檩的悬鱼，形式不断演化，并不再局限于鱼样，而变为花篮状、莲花状、卷云如意状等各种传统中国图样、雕刻造型。其造型的构成形式也日趋丰富，千变万化，如对称式、均衡式、自由式等中国传统的图案、雕刻造型，但不论采用什么造型，人们习惯上还是称“悬鱼”。

雅号八仙摆正堂

——老八仙桌

八仙桌是我国常见的传统家具，这种家具历史悠长。桌子在宋代名目繁多，按造型来说，有方桌、长方桌、圆桌等；按功能来分，有饭桌、书桌、琴桌、茶桌及床上所用的小炕桌等。明清时期大量流行

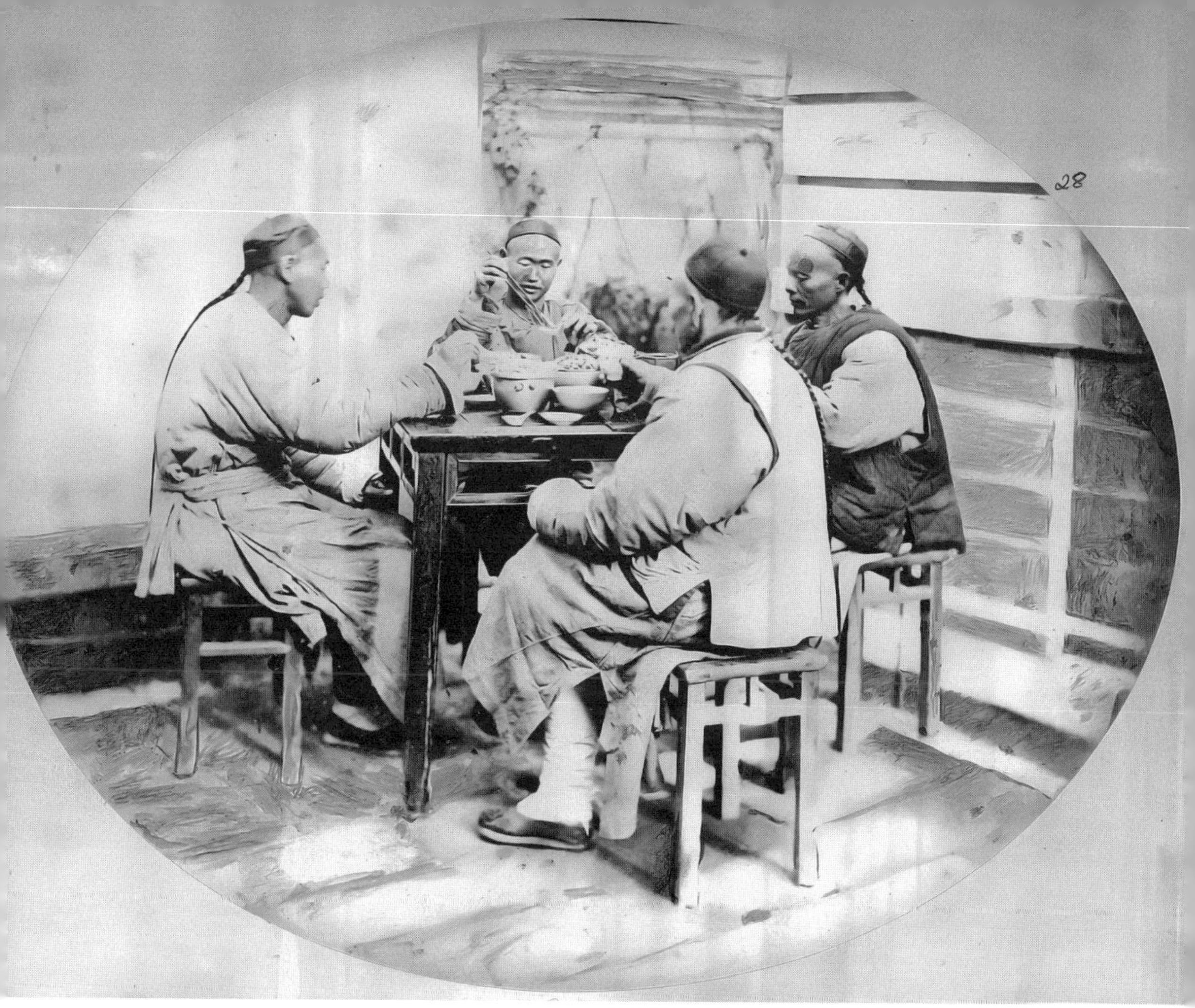

▲ 1874 年，沪上八仙桌围坐四男

八仙桌，显然与道家文化在明清的盛行有关。清代八仙桌可说是极其盛行，江南地区人家，几乎家家有张八仙桌，桌面四边长度相等，每边可坐二人，四边围坐八人，犹如八仙聚会，江南地区称“八仙桌”。无论是达官显贵，还是草民百姓，几乎家家都可以寻到八仙桌的影子，甚至成为很多家庭中唯一的大型家具，是我国旧时厅堂里的主要家具。

近人有竹枝词云：“雅号八仙摆正堂，俗称圈椅面朝阳。入席安座多虚礼，主次分明早白详。”说得通俗易懂很贴切。关于八仙桌的来历，一般说来，正因为八仙桌有四边，可围坐八人，与中国民间“八仙”传说吻合，故民间雅称“八仙桌”。另一说法，认为中国人慎终追远，厅堂或堂屋里置放祖宗的神龛，也称“家仙”，厅堂里或堂屋里放着八仙桌，供“家仙”坐。家族中的祖宗分散于四面八方，成了四面八方的神仙，回家后要坐在厅堂或者堂屋案边的各个方向，故叫八仙桌。当然，既称八仙桌，就与中国道教文化中的八仙传说脱不了干系。

八仙传说在中国民间广为流传。八仙之名，明代以前说法不一，有汉代八仙、唐代八仙、宋元八仙，所列神仙各不相同。至明代吴元泰《东游记》始定为：铁拐李（李玄）、汉钟离（钟离权）、张果老（张果）、吕洞宾（吕岩）、何仙姑（何琼）、蓝采和（许坚）、韩湘子、曹国舅（曹景休）。相传玉皇大帝做寿宴请各处神仙聚会，各有个性的八仙，欣然赴宴。他们虽然可腾云驾雾，但都留恋人间美景，于是优哉游哉。到了一处名山，只见古木参天，奇花飘香，百鸟和鸣，流泉叮咚，彩云缭绕，张果老建议小憩，八仙团聚一起，各显神通，变出石桌、石凳、香茗、鲜果等，品茗赏景。八仙过后，留下了一张石桌，人们追求吉祥如意，就称家里围坐一起聚餐聚会的桌子为“八仙桌”。

▲ 上海老茶馆通常摆着多张八仙桌和方木凳，每壶茶要两个铜板。这是 1900 年的上海茶馆

▲ 八仙桌桌面四边长度相等，每边可坐两人，四边围坐八人，犹如八仙

最早的八仙桌一般是无束腰的，桌脚方正，直连地面，简洁大气，到了明代开始出现有束腰的八仙桌。束腰工艺是在桌面下部有一圈收缩进去。八仙桌的四足一般用料厚重，分直腿式和收腿式，收腿式的足端外翘，通常

▲ 吴江震泽古镇师俭堂案前的八仙桌

▲ 八仙桌有很多用途:家人围桌吃饭，招待客人，腊月里迎年，或者办红白喜事摆酒席

有浮雕兽面，牙板多透雕画板，做工精致，常饰有龙纹、灵芝纹、拱璧纹、龙凤纹等。一般放置在中式住宅的客厅，又称“中堂”，庄重大气，用于会见重要的客人与宾朋，家族内的重大事务的商议，及其他重要活动。陈设格局一般为长条案（多为翘头案）后置，案前一张八仙桌，居于主导位置，左右两边配扶手椅或太师椅，是最为尊贵的位置，八仙桌也可与方凳或长条凳搭配。

八仙桌的座次有讲究，中国历来以左为尊，右为次；上为尊，下为次；中为尊，偏为次的座次习惯。以南向为最尊，次为西向，再次为东向，北面东边为最上，南面一般是陪客的座位。中国很多地方深得孔孟之说的影响，成为礼仪之邦，各种礼节早已约定俗成，在宴席中自己该坐哪里其实都很清楚，可还是互相谦让一番才肯入座。八仙桌方方正正，它的座次体现人际关系中的尊卑和秩序，聚会宴请时，年长者为主宾或位高权重的人坐上座，男女主人或陪客者坐下座，其余客人则按顺序坐偏座。宴席座位安排体现尊老敬贤，通过八仙桌很好地体现出中国的礼仪文化。

过去江南的茶馆与书场，安放的也大都是八仙桌，座椅简便一些，初用长凳、方凳，后改为礼拜凳，即椅手背上有一木板可放茶杯。讲究的则为藤椅，但也保留方台子，听客围桌而坐，各自听唱听讲，有时听客较多，会搬走方台增设座位。到七月十五中元节祭祀亡灵，旧俗是要烧香祭祖、化纸钱烧锡箔的。江南人家要做得像模像样，其形式甚至与冬至夜过节有点相似。所有的亲人都要尽量回家，八仙桌要移至客堂中间当供桌，桌上摆好各种丰盛的菜肴果品，还要整整齐齐放上许多酒盅筷子，用来祭祀祖先及一众鬼神。

谩结蒲团竹椅缘

——椅子小识

中国人“坐”和“倚”的家具，说起来真是一言难尽。中国的古人原本没有椅子，即便到了夏商周的上古时代，依旧没有垂足而坐的习俗，只是演变出了比较正规的“席”“筵”等坐具。《周礼》上说：“掌五几、五席之名物，辨其用，与其位。”五席分别是莞席、藻席、次席、蒲席、熊席，说明周朝的坐具已经成为一种身份地位的象征，也是人际交往的一种基本礼节。即使到了春秋战国时期，所用

▲ 清代的玫瑰椅小巧精致，雕饰繁复精美，深得人们喜爱

▲ 明清苏式座椅，红木镶瘿木圆梗直背椅，座椅精选一块瘿木板做镶平面

家具依然很简单，人们普遍都是跪坐着交谈、读书、吃饭、休息等，春秋时期诸子百家开坛讲学，大都也是席地而坐。正因为一直坐在“席”上，才有《世说新语·德行》记载的一则关于管宁、华歆二人“割席断交”的故事。可以说，中国古人初始的生活起居状态就是一种“平面风格”——席地而坐，择地而卧，身体受力重心不离地面。

直到汉代，胡床传入中国，东汉灵帝更是胡床的狂热铁粉，《事物纪原》记载：“汉灵帝好胡服，景师作胡床，此盖其始也，今交椅是也。”《后汉书·五行志》：“汉灵帝好胡服、胡帐、胡床、胡坐、胡饭……京都贵戚皆竟为之。”一时上行下效，统治者对胡床的推崇，导致京城中的王公贵族也开始竞相模仿，但这时的胡床只存在于上层社会。魏晋时期是一个民族大融合的时期，胡服骑射的引进，人们垂足而坐的习惯也开始在中原逐渐普及，高坐具逐渐出现于这个时期，如方凳、圆墩等。凳的本义是一种床前的踏具。《广韵》：“凳，床凳。”隋唐时期的中国，经济、文化、军事达于鼎盛，手工业也急速发展着，垂足而坐得到了普及。唐代还出现了有靠背的坐具，这个时期正式出现了“椅子”一词，《济渎庙北海坛祭器杂物铭·碑阴》记载：“绳床十，内四椅子。”

宋代人们彻底脱离了“席地而坐”的方式，进入了“垂足而坐”的时代。高坐具特别时兴与盛行，椅子种类也越发繁多起来，如靠背椅、扶手椅、圈椅等。宋人裘万顷作《别胡仲立次敬子伯量二丈韵二首》云：“干枯如我真何用，谩结蒲团竹椅缘。缄口向人无一语，此灯他日遣谁传。”椅与凳的区别是有靠背，可倚靠，从语源学上来看，最早的“椅”就是“倚”，只不过后人为区别而对此字加以变易，将立人旁改作木字旁。宋代广泛推广椅子，并且以高座为尊，甚至出现了龙椅，其实，这所谓“龙椅”就是一种象征意义，隐含着“第一把交椅”的意思，“坐龙椅”就是指当皇帝。

宋代是一个手工业发达、商品经济开始活跃的时代。椅子在宋代不仅摆脱了外来物品的原有样式，一些新的样式，如靠背椅、扶手椅、圈椅、交椅、太师椅等，在宋朝基本定型；矮凳、坐墩、折凳、条凳等各种凳子的样式在宋朝也已经齐备。市井的活跃，经济的繁荣，使椅子终于在全社会普及开来，以至于上至皇家，下至平民，都坐到了椅子上生活，中国人的起居方式终于发生根本性变化——从“平面”变成了“立体”。

明代坐具装饰，如同“清水出芙蓉，天然去雕饰”，追求线条简练、木纹天成；通体皆光素，无冗余雕饰。清代坐具，装饰纹样繁复精巧，皆寓意美好。清末，西方文化以强大的势力进入中国沿海城市，传统的中式椅子开始融入“欧式风”，打破了传统红木家具的风格，形成极富特色的“民国风”。就如同改良旗袍一样，都是在清

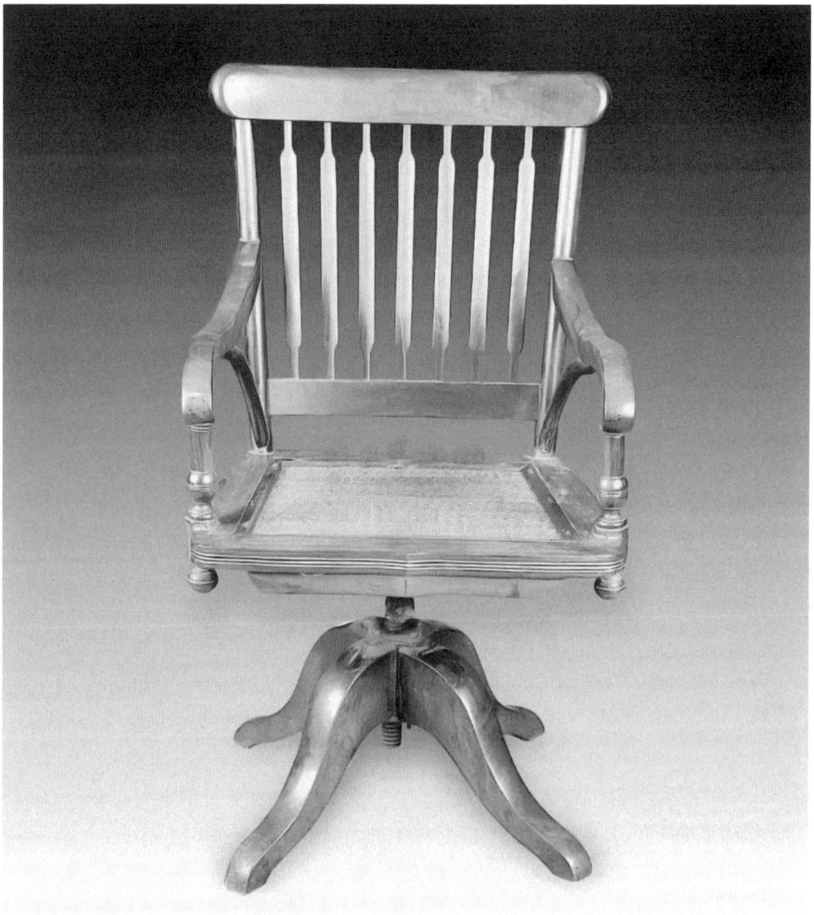

▲ 民国时期做出了一种“双面椅”，一面是木的，一面是皮的，冬天翻过来用，既解决了温度问题，又解决了柔软度问题

▲ 1934 年前后，街头一位坐在竹椅子上戴眼镜的老先生替人代写书信

▲ 1949 年，上海外白渡桥桥堍南树荫下路边的长椅供游人小憩

式的基础上改良而成的，传统椅子在品类、款式、用材以及结构、工艺等方面均发生了根本的变化，特别是更强调人体工程学，着力加强人体坐在椅子上的舒适度。据《上海二轻工业志》记载：在传统因素与外来文化的多重融合下，上海催生出了大量家具产业，20世纪30年代在上海经营沙发的店户就达100多家；1936年上海铁床厂家达50多家；1946年上海已有355家木质家具店，其中中式风格260家，西式木质家具店也达到了95家。椅子的风格特征虽然容纳了不少西洋风，但骨子里还是中国风，丰富了椅子的品种，顺着时代趋势改变了中国传统家具的风向，自成一派，底蕴深厚又愈显精致。

一种纤藤绕树荫

——苏工藤具

藤蔓，一种外表平淡无奇的植物，生长杂乱，借攀高枝而存活。江南的一群能工巧匠，却把这种丑陋、倔强的植物制作成精致完美的家具，作为一种手艺传承，藤编也是源远流长，其在满足日常生活的实用功能需求外，形成了由自然与人力相辅而成的独特美感。清人薛约竹枝词："一种纤藤绕树荫，柔条袅袅软难任。盘来纤手争夸示，绝胜闺中缠臂金"，写出了很美的意境。

▲ 清末的江南一所孤儿院，众女在修女指导下学习藤编

藤编工艺与传统家具的结缘源远流长，唐代就有藤编与家具的结合。宋代传统家具用藤席作为床、榻、椅、凳的软屉更为普遍。到了明清，藤编工艺形成专门的手工业生产，黄花梨、紫檀家具上的藤编软屉工艺精细无比。早在明清时期，香山藤器的

▲ 民国初年同盟会成员、沪军都督陈其美，坐在藤椅上阅读

编制，就驰名海内外，人称“苏工藤编”，主要产品有藤椅、藤床、藤榻、藤轿、藤箱、藤包、藤座车、藤沙发、藤茶几、藤凉枕、藤帽等。据《香山小志》载：“香山梓人、圬者居十之五六。又有雕工，专将竹根、竹节、黄杨、紫檀，以及象牙、牛角、桃核、橄榄核，刻山水、人物、花卉、鸟兽等玩品，精巧有致，雅俗称赏。织工居十之三，所产花素摹本缎及家用丝绸。藤工不及十之一，制藤枕、藤榻、藤椅等器。”可见，香山藤作是苏工藤编的主力军。

相传早在明代，手工藤器编织在苏州吴县香山胥口一带，就成为当地民间手工艺的一朵奇葩。那时乡人在农闲时，将藤编作为一项副业，用来贴补生计，藤编与香山木作，堪称一朵美丽的并蒂莲。明清时的苏州，尤其是清康乾时期，已是东南一大都会。水运交通繁忙，万商客流云集，手工百业兴旺。清末至民国初年，一些从事海外贸易的商人，通过海轮商船转运，附带运回南洋所产藤皮，由此也刺激了吴县香山、胥口等地藤编业的兴起。香山藤匠与许多手工业主，把生意做得风生水起，从而使古老的藤器业，焕发出勃勃生机。

然而，香山木作，名震中华；但香山藤作却“养在深闺人未识”，究其原因，主要是藤制品所需原材料藤皮，产自遥远的南洋群岛，古代海运落后，周转期漫长，从南洋进货，经广州，转运上海，再转运到苏州，费时费力，更何况香山乡人是把它仅仅作为农闲副业来做的，编藤器还不如做竹编、草编，就地取材，成本低廉，见效更快，于是，苏工藤编的匠人就逐渐式微，古老的技艺也几乎濒临灭绝。到民国年间，随着工业化时代的来临，苏州胥口藤编的手艺人坚守祖辈创下的藤编手艺，他们开发藤器的生活日用品，如藤椅、藤榻、童车、凉枕以及藤编沙发、茶几等家具，很受欢迎，藤编艺人的数量和收入也有所增加，成为一名合格的藤编艺人成了当地许多人的追求。

由于苏工藤编产品制作讲究，精工细作，藤器品种时常翻新，也接受客户订购选择，价格童叟无欺，因而赢得客户信赖，名声影响日隆。所编各类藤器经大运河、长江和太湖等水网船运销往太湖流域周边城镇、苏北淮扬及山东等地。“附郭通舟，商旅辐集”，由于拥有阊门“六码头”黄金水道的优势，阊门山塘地区很快成为苏州藤器物件的主要集散地。

旧时，江南地区每当有庙会，许多商贩在庙宇附近设摊，或将神像请出庙宇，由人抬着在街道上游行沿线叫卖，出售竹木藤器、香

▲ 1919 年，挑着藤器四处兜售的小贩

▲ 20 世纪 30 年代，刚从十六铺码头来上海的外地人，守护着藤制行李箱端详着南京路路牌

▲ 藤器竹器编织已然成为传统文化符号

烛、标布、农具、衣服鞋帽、药材等，形成极富特色的“庙市”景观。苏州藤器产品名目繁多，林林总总有80多种，涵盖范围极广。如农家种桑养蚕用的藤蚕匾，水乡船农必用的橹箍，米行专用的巴斗，城乡家庭生活所用的藤椅、藤靠背、藤榻、提篮、藤箱、藤枕、藤箩、藤书架、藤拍（拍打晒被之用）、小藤匾（妇人存放针线剪刀用具）等。

“瀑水含秋气，垂藤引夏凉”。对藤的记忆，似乎总是和燥热的夏天连在一起，藤床、藤椅、藤包、藤篮等。藤，编作的器物，自有一种清凉、古朴、雅致和天然的生命力。智慧又工巧的苏州藤编工匠，自古便懂得利用这一大自然的“神赐”，做成坚实耐用、又古朴耐看的藤编制品。

沪滨商务聚华洋

——沙发西来

清光绪三十二年（1906），颐安主人作《沪江商业市景词》。因作者居沪地多年亲自体会到西洋技艺的先进，所以对西洋有一定的尊重，特作竹枝词启发国人。词云：“沪滨商务聚华洋，谁愿英人独主张。”“振兴操务保商家，练得精神百倍加。卫国卫身兼卫业，富强岂让泰西夸。”在世变时亟的清末民初，在特殊的开埠通商的环境中，那一批得风气之先，思想观念较为先进、开放的知识分子，在与西方直面交往的过程中，也开始由“夷”到“洋”的态度转变。他们逐渐理解西方文化，在如何处理中外民族关系、文化关系方面，充当了时代的先知先觉者。所谓“聚华洋”，就是将西方文化中的精粹拿来为我所用，包括相关的器物，可以吸收。例如中国传统家具中绝没有沙发，沙发是舶来品，连“沙发”这两个字也是英语sofa的音译。

沙发的起源可以追溯到古埃及时代。早先的人们用木桩或石头作为坐具，日久天长，发现铺上柔性的兽皮等，坐起来更为舒适，于是

▲ 清末民初舶来的沙发是稀罕物，三位女子围坐在沙发上合影

▲ 民国初年洋房会客厅内供主人和客人坐的大沙发

▲ 20 世纪 30 年代，普通石库门民居客堂间里的沙发和地毯

产生了最早沙发的雏形。严格地说，真正意义上的软包沙发，出现于16世纪末至17世纪初。当时的沙发主要用马鬃、禽羽、植物绒毛等天然的弹性材料作为填充物，外面用天鹅绒、刺绣品等织物蒙面，以形成一种柔软的人体接触表面。

1843年上海开埠，沙发由英国传入中国。中国家具业将沙发的定义引申为“软体的座椅”。上海最早仿制包括沙发在内的西方家具的企业，有1871年创建的泰昌木器公司、1884年创建的英商祥泰木行、1885年创建的英商福利公司、1888年奉化籍木工毛茂林创办的毛全泰木器店、1905年英商海克斯创办的美艺木器装饰有限公司，均开始生产包括沙发软椅在内的西洋高档家具。由于生产沙发的原辅材料如盘簧、马棕、骑马钉等，基本都依靠从国外进口，沙发的制造工艺又被少数人所掌握，并为少数人服务，在居室内能够坐上沙发是很奢侈的事情，能够从国外引进带有弹簧坐垫的沙发，更是属于贵胄们的生活享受，普通百姓难以问津。

20世纪20年代，上海制造和经营沙发的企业，外商有福利公司、惠罗公司、美艺公司等，国人开设的有泰昌、毛全泰、水明昌家具公司以及先施、大新、永安等公司附设的沙发工场，并且出现了一些专业制造和经营沙发原辅材料的厂商。

由于当时国内的家具工厂还难以掌握实木和多层胶合弯曲技术，所以还是沿用了中国传统的卯榫结构，从19世纪末到20世纪初，上海的家具行业逐步由中式趋向西式化，大气素简，注重线条美，甚至出现了中西杂糅的红木沙发，保留了传统红木家具的卯榫结构，基于人体工学考虑，使用真皮来包裹座椅、沙发与人体的接触面，在提升舒适度的同时，更具美观性。制作海派家具的座椅沙发的上海乾泰弹簧厂，就是当时较早制造和经营各种规格的沙发弹簧厂之一。南京路上的先施、永安、新新、大新四大百货公司相继建立，都设有家具部，生产和经销沙发等西式家具。1932年，美国商人从美国运来全套先进的软床垫生产设备和材料，在沪设立“席梦思”床垫公司，生产弹簧床垫。这是我国最早生产的弹簧床垫。到20世纪30年代，上海已有专业沙发生产企业100多家。他们除了与西式家具企业配套生产沙发外，还接受大饭店定制沙发。

上海家具行业的能工巧匠，逐步将明清家具以床榻、几案、箱柜、椅凳为主要格局的模式，扩展到西洋家具的沙发、衣柜、梳妆台等品种，在艺术风格上表现为中西融合，改变了中式家具原本的走向。著名京剧大师周信芳的女儿周采芹在《上海的女儿》一书中回忆，二三十年代他们一家在上海生活时的情形：“妈妈把邻家的房子也买了下来。于是我们有了一个和客厅相通的大饭厅，父母有了一个宽敞的大卧室及与之相连的起居室。我们的家具也越来越西化了，中国的红木家具太硬，而西式的沙发则舒服得多。”周采芹所指的西式沙发，就是民国海派家具。

▲ 20 世纪 30 年代，时兴红木沙发，是为海派沙发。图为一个女子在红木沙发前留影

▲ 1936 年，达华公寓建成，这是建筑师邬达克的寓所起居室内的沙发

▲ 著名经学大师章太炎书房

此心安处是吾乡

——书房更新

读书人总渴望有个书房。中国历代的文人雅士非常注重自己的书房，哪怕居所再简陋，也得有个书房，有了书房，就有了读书人心灵的栖息地，安身立命之地。老祖宗留下不少佳话，“穷则独善其身，达则兼济天下”，书房再小，也是自己独处的小小天地，读书沉思，品茗谈笑，怡然自得。

中国古代对书房有不少雅称，不仅名号要字斟句酌，最好能有典故，包涵韵义，斋、堂、庵、屋、庐等，名目繁多。书斋是书房最早的雏形，发源于春秋时期，那个时候，诸子百家，学风文盛，学子们白天讲堂听课，晚上就成了看书的地方。不过，那时还不叫“书房”，是为“书斋”。汉代，私人书斋盛行，写出鸿篇巨制《史记》

▲ 民国时期，一位老者在书房里拿着纸看着

的司马迁，就是在家中读书、整理资料。斋的本义是斋戒，大概与古代礼制中的祭祀有斋戒仪式有关，而从事文化活动，其本质与“斋”所蕴含的宁心静神、修身养性异曲同工。

唐代科举制兴起，加之造纸术成熟、印刷术出现，书籍生产加速发展，“学而优则仕”，科举制度成为文人晋升的通道，文人们将书房作为心灵的依托，崇尚至简至静，也逐渐融于自然环境，如刘禹锡的陋室，“苔痕上阶绿，草色入帘青”“可以调素琴、阅金经”。白居易的庐山草堂，堂中设木榻四，素屏二，漆琴一张，儒释道书各两三卷。此外，如袁宗道的“白苏斋”、唐伯虎的“梦墨堂”、张溥的“七录斋”、袁枚的“小仓山房”、蒲松龄的“聊斋”、梁启超的“饮冰室”等，都是寄托着主人的志与情的灵魂之城。

书房的基本陈设，也在唐代定型。刘禹锡《陋室铭》说的正是自己的书房，既表达了诗人的志行和安贫乐道的情趣，也使得他的书房——陋室名满天下。到了宋代，延续了唐朝的余脉，整个国家重文轻武，加之程朱理学的创立及影响，以及雕版印刷工艺更为成熟，活字印刷出现，文人得到书籍更加容易，书房大为普及，既可以隐于名山深林之中，也可与日常生活居所连为一体，还可以处于私家园林一角。随着瓷器、漆器等工艺的进步，以及书法、绘画的发展，书房可陈设的用品越来越多，价值也越来越高，其中最常见的陈设是唐宋瓷器、书画、古铜器。据宋代词人周晋《清平乐》一词中所描绘的书斋生活：“图书一室，香暖垂帘密。花满翠壶熏研席，睡觉满窗晴日。手寒不了残棋，篝香细勘唐碑。无酒无诗情绪，欲梅欲雪天时。”由此可见，恰如古人所言：“少陵诗，摩诘画；左传文，司马史；薛涛笺，右军帖；南华经，相如赋；屈子离骚，收古今绝艺，置我山窗。”

▲ 1948 年，蔡廷锴将军在他的书房

明代书房益发讲究，根据高

▲ 民国时期，京剧表演艺术家梅兰芳在书房作画读书

▲ 著名作家巴金的书房

濂辑撰的《遵生八笺》之《燕闲清赏笺》所说，中国古代的雅玩形式也作为养生的方式之一，广涉铜器、陶瓷、藏书、碑帖、玉器、画、砚、墨、纸、笔、文具、书房、香、琴、养鹤、瓶花、盆景、竹等。诗书对于明清人的书斋陈设有很大影响，他认为，如果没有什么事扰乱心神，人应该经常独坐于书斋之中，或对日吟诵，或秉烛夜读，于书斋里享受一份清福，从学问中得到一份快乐。

清末及至民国，随着工业文明的开展，传统书房文化，陈旧的书房陈设样式逐渐消弭，书房开始从精英化走向平民化，到了现代，书房的功能并不局限于藏书、读书、写作，而是主人单设的一处生活场所，是归他独自享用的卧室、工作室、藏书室、文物陈列室以及小客厅的混合体。人们或许已经不太注重书房的奢华程度，对面积大小也不太在意。

天地之雅，莫过于茶。茶在近现代文人书房里，扮演着重要的角色，每一个书房，其实都是隐形的“享受茶的地方”。书房与茶是一种毫无违和感的搭配，两者结合在一起，不论是紧张还是疲惫，都会不知不觉烟消云散。静静选一本书，泡上一壶茶，度过那些闲散的时光，反倒是另一种快乐和消遣。民国时期的书房也无一定之规，富者筑楼，贫者一席，“屋大则伤目力”，书房最重要的功能是容身读书，苏东坡所谓“此心安处是吾乡”正解此意。古人云：士大夫三日不读书则面目可憎，选择了一个好的书房，就是选择了充实的人生。

留向岩前弄明月

——挂画装饰

宋代社会生活中有四大雅事，是宋代士大夫普遍追求雅致隐逸的生活，也为一般平民百姓所向往。宋代学者吴自牧的《梦粱录》云：“烧香点茶，挂画插花，四般闲事，不宜累家”，点出了宋代文人雅致生活的“四事”或“四艺”。其实，宋代文人的文化生活远远不止这四端，而是有着更加丰富的内容，有读书、金石、品香、插花、弈棋、饮酒、作诗、观梅、赏雪等，可谓是风雅至极，不过吴自牧说的“四事”倒也构成了日常生活中不可或缺的一部分。真可谓“真味无味，大俗大雅”也。可以说，点茶，是中国茶道的饮茶艺术；焚香是将香道文化推向极致；插花，初期或许是供奉佛前，以表虔诚，随着人们的生活水平提高，插花成为了生活日常。四雅事之中，唯独“挂画”，对于居室空间环境意义非同寻常。

宋代以前，艺术家一般多在墙壁、屏风、绢帛、麻布上作画。画作的内容，大抵是神仙鬼怪、宫廷贵族、佛经故事一类，艺术作品一扯上政治、宗教意义，那教化味道就很重了。而且从具体画作的画面来看，以横卷居多，横卷就是讲究徐徐展开时的那种感觉，弄得有点神秘兮兮。宋代是一个文化大普及的朝代，讲究“世俗化”，绘画画面出现了平民的日常生活、器具用品；描绘的对象，也不限于高官仕女、神仙菩萨，而是出现了货郎挑夫、渔翁樵夫、贫女儿郎等贩夫走卒及劳动群众，这就使宋代画坛有了鲜活的生机。

《东京梦华录》曾记载了一个故事：“巷口宋家生药铺，本铺中两壁皆李成所画山水。”李成是五代宋初的山水画宗师，也是一位很有性格的画家，他不喜欢巴结权贵达人，发现有权贵家中挂了他的山水画，不但不高兴，相反会很生气，拂袖而去。这个有点傲气和傲骨的李成，倒是与药铺老板私交甚好，药铺老板很高兴，他深知李成画作很有人气，遂张挂于店堂之内，就算赚不到钱财，也能赚个人气，博个眼球。这一故事也可见宋代挂画之一斑。

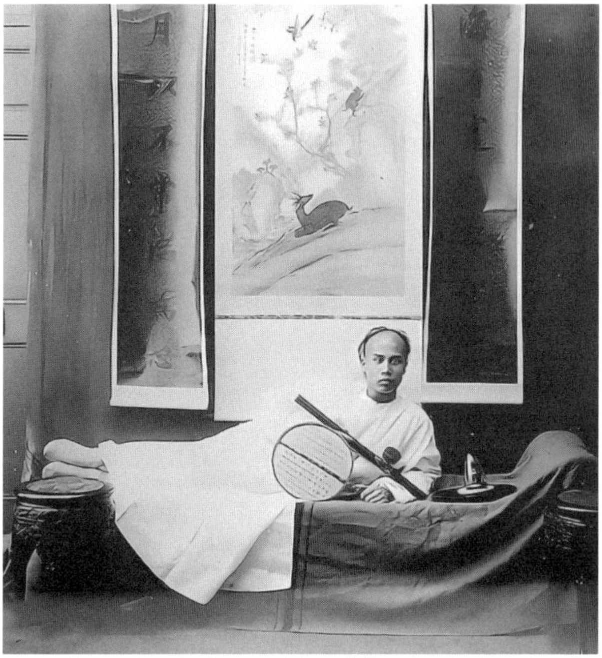

▲ 美国大学收藏的中国清末中堂挂画老照片，图为清末男子手拿扇子躺在靠椅上

▲ 旧藏民国时期漆器楠木彩绘中堂画《三星高照》

▲ 20 世纪 30 年代，上海普通人家将字画挂在引人注目的墙面开阔处

挂画蔚成风气，就会有人进行总结，如同挂画指南一般，如宋人赵希鹄撰《洞天清录集》，看上去书名很像道教书的名目，其实这本书很有今日“收藏大观”的索引之功，他很懂审美规律，强调挂画要挂名笔名作，一间居室也不宜挂得很满，挂三四轴即可，赏玩三五天必须更换。出于对画轴的养护，每轴画都能拿出来见天日，不会被蒸湿，又可以避免积灰，观者也不会看厌。在保护措施方面，要防虫、防霉、防侵蚀，用马尾或者丝拂轻拂画面，不可以用棕拂，也不可以点多油多烟的香。居室内的窗户要用油纸糊上，放下垂帘。当然，画轴的画面前要放置一张小案来保护画，案上也只能放香炉、琴、砚而已。极端天气，例如太冷或者太热，也不可以挂画。一千年前的人，将挂画说得如此具体，殊为难得。挂画之习俗一直赓续传承，到了明清，还专门在堂屋中堂位置专门留出了悬挂书画的位置。

▲ 浙江余杭江南民俗糕板馆中堂的挂画

清末，特别是民国时期，民众还是承继了居室的挂画传统，在中西文化交融的大背景下，人们用心过着的那些不紧不慢的日子。上海的一些老式民居或者老式公馆，厚重的老木门、土黄的砖墙体和斑驳的老家具。人们在客厅和卧室里，也会挂上石榴图，带着家和人和万事和与多子多孙的祝福，不仅具有美学上的魅力，也具有很强的装饰性。或者挂上一幅象征富贵吉祥的牡丹，综合了色彩、形态和气质的美。抑或挂上一幅西洋画，在安静、怀旧的氛围里，捧一杯香气氤氲的英式红茶，品到的好像是前世的隽永。民国的文化人大抵偏爱英伦风情。所选油画融入了当时的西洋文化元素，特别有味道，让人有亲切感。

▲ 民国早期书画中堂夫妻合影照

有人说民国是一个色彩斑斓的时代，是一个特立独行的时代。在

“三千年未有之变局”的余音里，中西糅杂、新旧交融的各种文化、思想、现象如潮水般涌来，涤荡着人们的内心与外在，也造就了多元化的居室风格，人们的精神、气节、面貌、习性、礼仪，因之而带来的“民国范儿”，也会体现在民国时期的挂画里——中西合璧，中式的典雅与西洋的摩登交相辉映。

楚宫双阙对阳台

——阳台空间

古代中国人也有“阳台”这个词，唐代诗人李涉《竹枝词》写道：“十二山晴花尽开，楚宫双阙对阳台。细腰争舞君沉醉，白日秦兵天下来。”译成白话文就是：晴日下的十二峰繁花尽开，花团锦簇，楚王离宫正门两侧的对称形门楼与神女出没的阳台遥遥相对。楚宫美人扭动纤细的腰肢，争先翩翩起舞，楚王终日沉醉其中；哪料强秦光天化日之下，长驱直入楚境。李涉对当年楚国为秦国所灭，感慨系之。1936年版《辞海》中“阳台”条目还有揭示，称此指代“男女合欢之所”，在文学作品中，还常用来比喻理想梦境、美人居所等。

中国古代“阳台”的意思，与现在我们通常所说的“阳台”有很大不同。如果一定要在建筑的功能属性中有所对应的话，古人说的“廊”可能比较切合现代的阳台之意。作为传统古建筑，“廊’常在楼、阁和园林中存在。“江南三大名廊”之一的沧浪亭复廊，既将园内外的山与水作区隔，又缀以精美漏窗，令两者互为借景，营造着“景外有景，动静两相宜”的意境美。

宋代出现了“露台”，多用石头和枋木建成，那种露台规模高大，一般多用于舞台演出。大文豪苏轼《次韵王晋卿上元侍燕端门》云：“月上九门开，星河绕露台。”这里的“露台”就是一个建筑概念。露台上不仅可登高远眺，还与同一院落的轩、亭建筑组合，丰富

▲ 20 世纪 30 年代，上海屋舍的阳台。可见上海球鞋公司和宝和当等广告

▲ 图为晚清一户人家阳台上的饭后闲暇时光，一家人都在吸烟

了院内的建筑空间。

那么，江南水乡的建筑有没有阳台呢？水乡民居的选址原则有：背山临水（即正面临水）、两面临水、三面临水等。水乡的吊脚楼就是指原有民居建筑的一小部分伸出在水面上，此部分大多要依靠木柱或石柱等来支撑，伸出的这一部分可以是房屋的二层，也就是楼房的上层，也可以作为阳台来使用。更有一种“出挑”的形式，出挑大的可以成为房屋的一部分；出挑小的则可以作为檐廊，就类似于阳台；最小的可以只挑出一根背靠栏杆到屋外，乘凉、晒太阳、观赏景色等，是个很好的所在。

西方阳台的历史当然可以追溯到古罗马时期。但严格地说，阳台是西方文艺复兴与工业革命后的产物。在浪漫之都——巴黎的现代化改造中，豪斯曼阳台（Haussmann balcony）成为典型，它全景式提供了人们独处与社交的现代生活展示空间的关键元素。直到20世纪20年代，法国著名建筑大师勒·柯布西埃在日内瓦将楼板向建筑外挑出，创造了令人满意的采光条件，夏天通过窗帘遮挡阳光，冬天时可接纳充足阳光。第二次世界大战期间，阳台地位扶摇直上，因阳台处于个人空间和公共区域之间的关键位置，也成为了一项卓越的政治要素，众多政治人物都曾发表过著名的阳台演说。第二次世界大战之

▲ 20 世纪 40 年代，上海一处洋房的阳台

后，阳台成为了西方建筑中最出色的元素之一。

伴随着西风东渐，西方的建筑理念和风格逐步取代中国传统的建筑样式，在上海近代建筑的发展中占据了主导地位，然而，江南民居的深厚渊源和根基，还是难以撼动的，最终就是西方建筑与江南建筑的一种妥协。上海开埠后，民居住宅在传统三合院（三间两厢）的基础上，平面更紧凑，各类空间包括天井更趋小型化，外观仍保持传统风格，既吸收了西方联排式挑出阳台的理念，又大量吸收了江南民居的式样和传统的木结构，又采用砖石为主的西式外墙，外门也选用石料作门框，不同于中国传统的木质大门。这种以砖石为外墙、内部以木料作为结构、以石料为门框、以乌漆实心厚木做门扇，中西合璧建造起来的住宅，被称为“石库门”。

石库门建筑按功能来划分，主要由前天井、客堂、厢房（前厢房、后厢房）、前楼、灶披间、卫生间、楼梯间、亭子间、晒台、后天井等组成。亭子间上部就是晒台，这部分采用钢筋混凝土板，比较坚固，并作为平日晾晒衣服的最佳位置，上海人称它“晒台”，其实就是阳台。同时，由于它是石库门建筑两层以上房间破墙而出悬挑在外立面的一块露天构造平台，类似于江南传统民居的“出挑”，通常设置在两层以上厢房南立面的外墙上，也有的设置在整体建筑的山墙两端。阳台面积虽小，但可以供户外活动，同时也为石库门建筑外立面增添了变化。小小阳台也是江南民居建筑对中国传统的一份坚守。

▲ 20 世纪 40 年代，上海一处洋房的阳台

▲ 20 世纪 40 年代，上海一处洋房的阳台

图书在版编目(CIP)数据

江南风俗图录. 第3卷，深巷低窗 / 仲富兰著.
上海 ：上海辞书出版社，2025. -- ISBN 978-7-5326
-6241-8

Ⅰ. K892.45-64 ；TU241.5-64

中国国家版本馆CIP数据核字第2024UF3504号

“十四五”国家重点出版物出版规划项目
国家出版基金资助项目
上海文化发展基金会图书出版专项基金资助项目

江南风俗图录·第3卷·深巷低窗

仲富兰　著

策划统筹	朱志凌	**题　　签**	邓　明
责任编辑	朱志凌	**篆　　刻**	潘方尔
特约编辑	钱　琼	**英文翻译**	唐玥芳
责任校对	左钟亮	**英文校译**	秦　悦
技术编辑	楼微雯	**图　　片**	均由作者提供
整体设计	零贰壹肆设计工作室		

出版发行　上海世纪出版集团
上海辞书出版社®(www.cishu.com.cn)
地　　址　上海市闵行区号景路159弄B座(邮政编码：201101)
印　　刷　南京爱德印刷有限公司
开　　本　787毫米×1092毫米　1/16
印　　张　17.5　插页5
字　　数　340 000
版　　次　2025年10月第1版　2025年10月第1次印刷
书　　号　ISBN 978-7-5326-6241-8/K·1266
定　　价　128.00元

《江南风俗图录（1840—1949）》（全十卷）

“十四五”国家重点出版物出版规划项目、国家出版基金资助项目《江南风俗图录（1840—1949）》（全十卷）立足近代风俗史与图像史研究的交叉领域，系统梳理百年间江南民间生活形态、民间文化传承及社会变迁轨迹，通过动态视角深入研究最普通、最普遍的民间日常生活的历史演进。作者仲富兰教授整合数十年积累和研究的图像史料，以图史互证为方法论，辅以大量民间竹枝词等风土纪事文献，全景式记录了近代中国社会生活的转型历程与多元民俗风貌，生动再现了市井生活的烟火气息。全书按风味饮食、服饰冠履、民居建筑、行旅交通、生产商贸、文教卫生、娱艺体育、人生礼仪、岁时乡情、生活信仰等主题分卷编纂。

全书辑录3 200余幅珍贵老照片、民俗画作等历史影像，以图像叙事为经，以风俗流变为纬，构建起一部立体化、可视化的江南民俗图谱。这些泛黄的影像既凝固了百年市井生活的瞬间，又以细腻笔触还原传统节庆场景，使读者得以直观把握江南地区岁时习俗、衣食住行、婚丧嫁娶等民俗的演化轨迹，较之纯文字叙事更具现场感染力。编纂体例上独创性地穿插历代江南竹枝词，实现朗朗上口的诗词文本与风俗史事互为映照。譬如以“妾在船头偷看郎，郎骑白马好风光”的竹枝词解读江南婚俗，既赋予学术论述以诗意美感，又通过民间话语补足了历史细节，使宏大叙事浸润日常肌理，彰显日常生活的本真状态。

从学术层面看，《江南风俗图录》突破了传统风俗史研究单一的文字叙述模式，开创了“图像+文献+文学”多元互证的研究范式，为我国地域民俗文化研究提供了新的方法，堪称融民俗文化、社会史、视觉文化研究于一体的江南民俗文化图谱，兼具学术开拓性与出版稀缺性价值。无论学术研究者、文化从业者或普通读者，都能从中领略江南千年文脉的深厚底蕴与独特审美。

《江南风俗图录 · 第 1 卷 · 饭稻羹鱼》

《江南风俗图录 · 第 2 卷 · 衣香鬓影》

《江南风俗图录 · 第 3 卷 · 深巷低窗》

《江南风俗图录 · 第 4 卷 · 车动马喧》

《江南风俗图录 · 第 5 卷 · 市井食货》

《江南风俗图录 · 第 6 卷 · 春生弦诵》

《江南风俗图录 · 第 7 卷 · 闲暇趣玩》

《江南风俗图录 · 第 8 卷 · 礼敬人生》

《江南风俗图录 · 第 9 卷 · 岁时乡愁》

《江南风俗图录 · 第10卷 · 春祈秋报》